勿使前辈之遗珍失于我手

勿使国术之精神止于我身

王茂斋

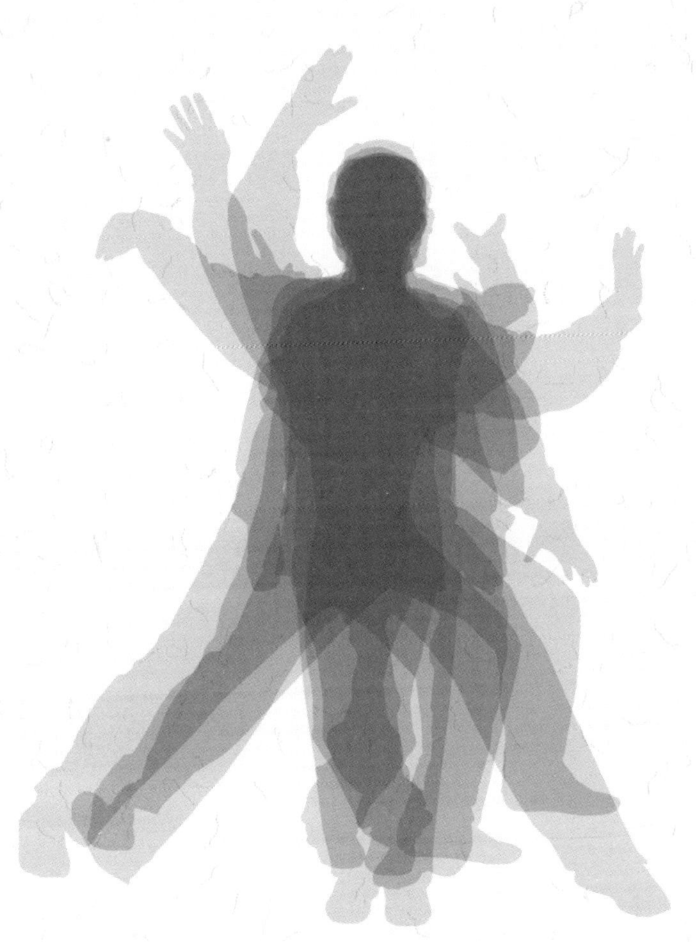

太极拳总纲目

太极功同门录

太极拳详解

武学名家典籍丛书

王茂斋太极功

季培刚 · 辑校

太极拳总纲目
太极功同门录
太极拳详解

王有林（1862—1940），号茂斋，山东掖县人。少时进京，在麻刀铺学徒，后经营此业。他诚朴笃厚，尊师重道，深得其师全佑之真传，民国初年又得宋书铭（硕亭）传授太极功。与师弟吴爱绅（鉴泉）、郭芬（松亭）等情义极深，长期共同切磋钻研太极拳艺，在拳理认同上十分默契。敢于突破前人，改进教学，形成与杨派有别的独特风格。门人颇众，多有造就，素有『南吴北王』之赞誉。至今，以北京为主的我国北方吴式太极拳传习者，大多为王茂斋门下后传。

北京科学技术出版社

图书在版编目（CIP）数据

王茂斋太极功 / 季培刚辑校. —北京：北京科学技术出版社，2020.1
（武学名家典籍丛书）
ISBN 978-7-5304-9656-5

Ⅰ. ①王… Ⅱ. ①季… Ⅲ. ①太极拳—研究—中国 Ⅳ. ①G852.11

中国版本图书馆 CIP 数据核字（2018）第 075730 号

王茂斋太极功

辑 校 者： 季培刚
策划编辑： 王跃平
责任编辑： 苑博洋
责任校对： 贾　荣
责任印制： 张　良
封面设计： 张永文
版式设计： 王跃平
出 版 人： 曾庆宇
出版发行： 北京科学技术出版社
社　　址： 北京西直门南大街 16 号
邮政编码： 100035
电话传真： 0086-10-66135495（总编室）
0086-10-66113227（发行部）　0086-10-66161952（发行部传真）
电子信箱： bjkj@bjkjpress.com
网　　址： www.bkydw.cn
经　　销： 新华书店
印　　刷： 保定市中画美凯印刷有限公司
开　　本： 787mm × 1092mm　1/16
字　　数： 164 千字
印　　张： 25.5
插　　页： 4
版　　次： 2020 年 1 月第 1 版
印　　次： 2020 年 1 月第 1 次印刷
ISBN 978-7-5304-9656-5 / G·2760

定　　价：128.00 元

出版人语

武术作为中华民族文化的重要载体，集合了传统文化中哲学、天文、地理、兵法、中医、心理等学科精髓，它对人与自然和谐共生关系的独到阐释，它的技击方法和养生理念，在浩如烟海的中华文化典籍中大放异彩。

随着学术界对中华武学的日益重视，北京科学技术出版社应国内外研究者对武学典籍的迫切需求，于2015年组建了“人文·武术图书事业部”，而该部成立伊始的主要任务之一，就是编纂出版“武学名家典籍丛书”。

入选本套丛书的作者，基本界定为民国以降的武术技击家、武术理论家及武术活动家，而之所以会有这个界定，是因为此时期的武术，在中国武术的发展史上占据着重要的位置。在这个时期，中西文化的交流与融合日渐深入，传统武术从形式到内容、从理论到实践，都发生了巨大的变化，这种变化深刻影响了近现代中国武术的走向。

这一时期，在各自领域“独成一家”的许多武术人，之所以被称为“名人”，是因为他们的武学思想及实践，对当时及现世武术的影响深远，甚至成为近一百年来武学研究者辨识方向的坐标。这些人的“名”，名在有武术的真才实学，名在对后世武术传承永不磨灭的贡献。他们的各种武学著作堪称“名著”，是中华传统武学文化极其珍贵的经典史料，具有很高的文物价值、史料价值和学术价值。

民国时期的太极拳著作，在整个太极拳发展史上占有举足轻重的地位。当时的太极拳著作，正处在从传统的手抄本形式向现代著作出版形式完成过渡的时期；同时也是传统太极拳向现代太极拳过渡的关键时期。这一历史时期的太极拳著作，不仅忠实地记载了太极拳的衍变和最终定型，还构建了较为完备的太极拳技术和理论体系。“武学名家典籍丛书”收录了一代武学大家孙禄堂先生的《形意拳学》《八卦拳学》《太极拳学》《八卦剑学》《拳意述真》，著名太极拳家杨澄甫先生的《太极拳使用法》《太极拳体用全书》，陈微明先生的《太极拳术》《太极剑》《太极答问》，武术教育家许禹生先生的《太极拳势图解》《陈式太极拳第五路 少林十二式》，董英杰先生的《太极拳释义》，杜元化先生的《太极拳正宗》，以及陈鑫先生的《陈氏太极拳图说》。历史上留下的关于王茂斋的资料非常少见，他在世期间，以他为宗的太极功传习群体共留下三份较为重要的文献资料：一是王茂斋保存的太极功谱；二是 1929 年由其弟子彭广义（仁轩）组织编印的《太极功同门录》；三是 1933 年由彭仁轩编印的《太极拳详解》。本书将三份文献集合影印并加以简体点校。

这些著作及其作者，在当时那个年代已具有广泛的影响力，而时隔近百年之后，它们对于现阶段的拳学研究依然具有指导作用，依然被太极拳研究者、爱好者奉为宗师，奉为经典。对其进行多方位、多层面的系统研究，是我们今天深入认识传统武学价值，更好地继承、发展、弘扬民族文化的一项重要内容。

本丛书由国内外著名专家或原书作者的后人以规范的准则对原文进行点校、注释和导读，力求尊重大师原作，再现经典，经得起广大读者的推敲和时间的考验。

“武学名家典籍丛书”，将是一个展现名家、研究名家的平台，我们希望，随着本丛书的陆续出版，中国近现代武术的整体面貌，会逐渐展现在每一位读者的面前；我们更希望，每一位读者，把您心仪的武术家推荐给我们，把您知道的武学典籍介绍给我们，把您研读诠释这些武术家及其武学典籍的心得体会告诉我们。我们相信，“武学名家典籍丛书”这个平台，在广大武学爱好者、研究者和出版人的共同努力下，会越办越好。

解　读

本书所辑录者，是与民国时期的一位太极宗师——王茂斋（1862—1940）有关的三份文献。一是王茂斋保存并传下来的太极功谱——《太极拳总纲目》；二是王茂斋门人于民国十八年（1929 年）组织编印的《太极功同门录》；三是王茂斋弟子彭仁轩编著并刊印于民国二十二年（1933 年）冬的《太极拳详解》。这三份文献，都是王茂斋在世期间出现的，因而，对于关注以其为宗的太极传习群体的读者来说，别具意义。在此，谨对这三份文献略作解说，以供读者参考。

一、渊源背景

晚清时期，京城的旗人护卫万春、凌山、全佑三人，得到太极宗师杨禄躔[①]传授，后拜在杨氏之子班侯门下称弟子。关于这一史实的最早记载，大约来自民国初期京师体育研究社的社长许靇厚（禹生）。民国十年（1921 年），该社出版发行了许禹生所著《太极拳势图解》。

书中第五章“太极拳之流派”的最后，有这样一段：

当露蝉先生充旗营教师时，得其传者盖三人，万春、凌山、全佑是也。一劲刚，一善发人，一善柔化，或谓三人各得先生之一体，有筋、骨、皮之分。旋从先生命，均拜班侯先生之门称弟子云。

注 释

① 杨福魁，字禄躔，民国以来，另有作“露禅”“露蝉”“禄缠”“露缠”“陆禅”乃至“儒禅”“如禅”者，经吴文翰先生考证，认为“杨禄禅”较为可信，相关文论另有曲梁《再考杨禄禅的名和字》（《武林》2005 年第 1 期）等。而张玉华则认为应作“禄躔”，其分析更为合理（参见张玉华《杨禄躔名字被误传八十年》（《武当》2003 年第 11 期）。古人取字，常与名对应，福与禄不必论，魁与躔则均与天文有关，现今视“躔”生僻，实际在明清诸多方志的天文志中随处可见“躔度”一词，意为日月星辰等天体运行的度数。之所以会出现“禄缠”“露缠”这样的写法，应当都是“躔”字误写，却比“禅”“蝉”在字形上更接近真实。本文论述均采取“杨禄躔”，至于引文以及原版影印部分，则原样照录，不做更动。书后经过校改的简体版内容，为方便读者阅读，则均统一为“禄躔”。

万春、凌山是否有传人，无从知晓，仅知旗人纪德（子修）与凌山为友。而全佑的传人相对较多，且多是旗人，在民国初期的北京城中，已成为虽宗于杨家却几乎与之并列的支脉。

全佑，字公甫，号保亭，正白旗人，满族老姓吴福氏，生于清道光十四年（1834 年），卒于光绪二十八年（1902 年），籍贯顺天府大兴县，即北京内城东部一带。明清两代的北京城又称顺天府，包括二十四个州县，其中有两个县最为特殊，即大兴和宛平。因大兴、宛平的县衙都设在北京城内，以中轴线为界，东为大兴县（管理北京内城东部及东郊地区），西为宛平县（管理北京内城西部及西郊地区），俗称皇帝“身坐金銮殿，脚踩两个县”即此。

关于全佑的弟子门生，从民国十八年（1929 年）由王茂斋的弟子彭广义（仁轩）组织编印的《太极功同门录》“太极功传承表”上来看，仅列了 3 人：王有林（茂斋）、吴爱绅（鑑泉）、郭芬（松亭）。另从其中“通信录”部分看，最前面 6 人，年岁分别为：王有林（六十六）、吴爱绅（五十六）、郭芬（五十六）、常安（五十八）、齐治平（四十九）、英杰臣（五十二）。也就是说，这 6 位并不是完全按年岁排列的，并且他们是排列在同一张纸上，因 6 人无法将正反两页总共 16 竖行表格填满，英杰臣之后的表格均空。此后，从杨德山开始，则另起一张，除了一些不知具体年岁的人列在最后面，基本都是按长幼顺序排列，并且从杨德山往后的所有人，几乎都是分别属于王茂斋、吴鑑泉、郭松亭三人的弟子。前面的“太极功传承表”中，王茂斋、吴鑑泉、郭松亭名下分别开列了弟子名单，对照来看，各是谁的弟子就比较清楚。由此来看，常安（远亭）、齐治平（格忱）、英杰臣（杰臣）三人与王茂斋、吴鑑泉、郭松亭三人就应是同辈了，都是全佑的弟子门生。其中，常远亭传人不多，大约仅传其两个儿子常庆禄（云阶）、常庆寿（松年），从常云阶之后才扩展开来。而齐治平、英杰臣二人，虽与王茂斋、吴鑑泉、郭松亭同门同辈，却未见有传人。

另外，民国二十二年（1933 年）出版的李先五《太极拳》一书“系统表”中，在吴全佑名下列了五人：吴鑑泉、王茂斋、刘凤山、郭松亭、齐格忱。该书“著者”李先五在刘凤山的名下。民国十四年（1925 年），京师体育研究社编印的《体育丛刊》所载体育讲习所“国技教员”共计七人：纪德（子修）、吴爱绅（鑑泉）、刘殿升（恩绶）、刘凤山（彩臣）、张忠元（升庭）、兴福（石如）、汪文峻（华庭），可知刘彩臣即刘凤山，彩臣是其别号。作为刘彩臣弟子的李先五，述其师的太极拳源自吴全佑，本不至于有差错，而实际情形却稍有复杂。刘彩臣（1853—1938），直隶宁津县人，他比《太极功同门录》中所列的六位全佑弟子都年长一些。据说早年曾从刘奇兰的门人耿继善（1860—1928）等人学形意，复因人介绍得以进京师从刘德宽，此后与全佑之子吴爱绅结为盟友，遂通太极拳术。因其学宗多门，很难将他归为哪个门户，如果势必要将他归在谁的门下，也许还是归为刘德宽的六合门更合适。在晚清的北京城中，刘德宽是一位打破门户之见，学宗各门的人物，他早期从学于“雄县刘”刘仕俊，又从董海川学八卦，从杨禄躔的门人学太极，闻有所长者皆愿从学，以六合大枪著称，人称“大枪刘”。他的门生们也大都深受其影响，门户见识较弱。刘彩臣也是以其师刘德宽所传六合门技艺为根基，学宗多门。

从民国初期开始，身在教育部任职的旗人许龗厚（禹生）创办京师体育研究社，致力于以中国的“武术”为核心，打造出一种带有“中体西用”意味的“体育”样式，并力图推向新式教育体系当中。许禹生其人是刘德宽的弟子，在刘过世后，又因人介绍得从杨健侯习太极。因许禹生个人交游关系，其所倡办的京师体育研究社专任教师有两大特点：一是大多为旗人，清廷倾覆，旗人失势，改从汉姓，往往相互援引，以维持生计；二是大多为刘德宽的弟子门生，亦即许禹生本人的同门师兄弟。如此两者，也形成了新的有利因素，一是由旗人倡导“武术”，可在一定程度上避免庚子拳乱之后当时舆论对“拳匪”的质疑，一是刘德宽的弟子门生大多学宗多门，几乎与北京城的几大门派均有传承关系，因而视野和心胸较为开阔，限制技艺交流的门户见识相对较少，同在体育研究社担任教员，不会因门户而起矛盾纠纷。刘彩臣作为许禹生的同门，自民国初期开始就一直在体育研究社任教，又曾任国立北京大学、邮电学校、交通大学等北京各校拳术技击教员[①]，名声与影响都很广泛。王茂斋门人刊印《太极功同门录》时，刘彩臣仍然在世，而《同门录》中却未见“刘彩臣”出现。如果说是无意的疏漏，似乎说不过去。显然，刘彩臣作为吴鑑泉的盟友，其太极拳主要是跟吴鑑泉学的，并非直接从学于全佑，为尊重事实，王茂斋等人均无法将其视为同门师兄弟。

注 释

① 据1918年编印的《国立北京大学廿周年纪念册》，刘凤山（彩臣）为该校“技击教师”，时年“五十三”，住处“西安门外大拐棒胡同”。（《国立北京大学廿周年纪念册》，“职员一览·现任职员录”，1918年，第76页。）据1923年编印的《北京交通大学经济部本科癸亥级毕业纪念册》，刘凤山，别号“采臣”，籍贯直隶宁静[津]，“略历”为“北京大学、邮电学校拳术教员”，担任学科为“拳术”，通讯处“大拐棒胡同十六号”。（《北京交通大学经济部本科癸亥级毕业纪念册》，“本校各科教员录”，1923年，第13页。）

此外，传说中全佑的另几位弟子刘恩绶、夏公甫，则没有什么确切史料可以证明他们也是全佑的弟子。因在京师体育研究社任教的关系，刘殿升（恩绶）的名字被相关史料记载下来，还时而会出现在后人的视野中，王新午在其《岳氏八翻手》一书的“自序”中述及其本人于民国初年在京师体育研究社“从河北衡水刘恩绶殿昇先生学岳氏八翻手，其法由岳家散手变化而来，为清光绪间大枪刘敬远德宽公所编创，传为少林嫡系。恩绶先生为敬远公高弟子，功行精邃，名盛一时”，由此可知，刘恩绶也同样是刘德宽的门人。他与刘彩臣一样，很可能是同在体育研究社任教期间从吴鑑泉学得太极拳，但也并非直接从学于全佑，难以与王茂斋等人构成事实上的同门师兄弟关系。

至于夏公甫到底是什么情况，则模糊不清。有一说法，全佑的弟子还有夏贵勋。本人怀疑“夏贵勋”大约是杨禄躔女婿“夏国勋”在口头流传中的讹误。据后世传说，夏国勋在京期间与程廷华、刘德宽、张占魁、李奎垣等人为莫逆之交，特别是夏国勋教程廷华、刘德宽太极，而程、刘二人则教夏八卦，由此而衍生出后世的“八卦太极拳”。另外，口头流传的“夏公甫”是否有可能即“夏贵勋”或“夏国勋”的字号？又，全佑之字亦为“公甫”，“夏公甫”是否即指全佑本人而言？或者在口传中，将杨禄躔女婿之名与全佑之字混到了一起？目前均无确切史料可证，亦无人可询，仅能存疑。

因此，全佑的弟子门生，目前所能确切无疑者，只有《太极功同门录》所记录的王茂斋、吴鑑泉、郭松亭、常远亭、齐格忱、英杰臣六人。

自民国初期开始，全佑之子吴爱绅（鑑泉）得以在京师体育研究社及附设体育讲习所和体育学校任教，属于在半官方机构中专门倡导太极拳，影响力日渐扩大。而王茂斋则是一位汉人，原籍山东省掖县，在京自有买卖营生，且与京师体育研究社的实际主持者许禹生既非非刘德宽门下的同门，又非盟友关系，难以成为体育研究社正式教师。1919 年 12 月，体育研究社刊印了《体育季刊》第三期，其中“本社记事”部分公布了该社此时讲授拳技的“教员”名录：许龗厚（禹生）、纪德（子修）、吴爱绅（鑑泉）、刘殿升（恩绶）、刘凤山（彩臣）、兴福（石如）、杨兆祥（梦祥）、杨兆清（澄甫）、白存福（寿臣）、张忠元（升庭）、周峻山（秀峰）。杨兆祥（梦祥）为杨禄躔之孙、杨健侯之长子，即杨少侯；杨兆清（澄甫）则为杨健侯的三子，他自 1915 年 11 月起兼任北京高等师范学校“课外运动”教员，实际在西式教育体制下的高等学校中，他也只能在正式课程以外讲授拳技[①]；张忠元（升庭）为刘德宽门生，为许龗厚的同门师兄；白存福（寿臣）的生平不详，很有可能也是许龗厚的同门。该社还附设了一个专门培养学校体操教员的体育讲习所。从《体育讲习所职教员一览表》来看，此时所长许龗厚（禹生），职员有金世荣（月东）、伊齐贤（见思）、施铠（健武）、张彝（景苏）、李德庆（仁甫），学科教员为胡培元（伦理学）、毛邦伟（教育学）、王不艾（体育原理）、柯兴耀（生理卫生）、张秀山（音乐）、郭家骐（图画）；术科教员为孔繁俊（普通体操）、毛侃（兵式体操）、王不艾（游技）、周峻峰[②]（新武术）、纪德（岳式散手）、兴福（长拳）、吴爱绅（太极拳术）、刘殿升（岳氏连拳）、刘凤山（少林十二式、八卦拳术）。

注释

① 据 1918 年编印的《北京高等师范学校十周年纪念录》记载，杨兆清（澄甫）时年“三十七”，籍贯“直隶永年”，住址“宗帽三条”，到校时间为“民国四年十一月”，要比纪德早一年半左右，纪德（子修）的到校时间为

"民国六年五月"。(《北京高等师范学校十周年纪念录》,"现任教员录",1918 年,第 172—173 页。)

② 此处"周峻峰"似应为"周峻山"之讹。据《北京高等师范学校十周年纪念录》,周峻山(秀峰),籍贯山东历城,时年三十四岁,兼任课外运动教员,到校时间为民国八年一月。(《北京高等师范学校十周年纪念录》,"现任教员录",1918 年,第 173 页,见张研、孙燕京主编:《民国史料丛刊》,郑州:大象出版社,2009 年,第 1107 册,第 203 页。)另据《国立北京师范大学民国十四年毕业同学录》,周峻山的履历为"随营军官学校毕业,北京体育学校教员",在国立北京师范大学的职务为"拳术教授"。(《国立北京师范大学民国十四年毕业同学录》,"教职员录",1925 年,第 6 页。)

作为体育研究社太极拳教员吴鑑泉的同门,王有林、郭芬、齐治平三人都被列在该社的"名誉干事"(17 人)名单中,大约仅是"名誉",并无实职,不实际参与该社事务。1924 年底该社编印的《体育丛刊》公布的名单,"名誉干事"(25 人)中,吴鑑泉的同门仅剩王有林(茂斋)一人,另外两位已不见载。此时与王茂斋同为"名誉干事"还有张广明(月庭)、徐延贵(月庭)、恒泰(寿山)、巴彦布(润芝)、宋书铭(硕亭)、春秀(志先)、王本荣(子固)、刘凤春(淼清)、李志权(仲英)、张汉群(汉澄)、崇贵(伯高)、纪德(子修)、姜金凌(殿丞)、赵全(仙洲)、李玉璋、王志群(润生)、瑞沅(仲澜)、姬凤翔(集安)、姜永庆(继昌)、刘永华(殿臣)、邓云峰、金之铮(锷青)、吴清林(励忱)、程友龙(海亭)。其中,此时的宋书铭、春秀、纪德三位均已物故。

大约在民国五年(1916 年)前后,京师体育研究社几位教师听说袁世凯的一位幕僚宋书铭(硕亭)精于太极拳,一起前去访谒,结果与宋推手皆不敌，佩服之下，均拜宋为师。前述许禹生所著《太极拳势图解》“太极拳之流派”中对此事有这样一段记载：

> 有宋书铭者，自云宋远桥后，久客项城幕。精易理，善太极拳术，颇有所发明。与余素善，日夕过从，获益匪鲜。本社教员纪子修、吴鑑泉、刘恩绶、刘彩臣、姜殿臣等多受业焉（吴为全佑子，纪常与凌君为友）。

除许禹生的记载外，又有王华杰（新午）的记述可为佐证。民国初期，山西青年王新午曾在京城从学于京师体育研究社附设体育讲习所诸教师，他于民国十八年（1929 年）即大致写成，最终于民国三十一年（1942 年）正式出版的《太极拳法阐宗》一书中，对宋书铭的情况作了更为详细的记述：

> 清祉始屋，项城袁氏秉政。时有遗老宋氏书铭参其幕，精研易理，善太极拳，时年已七十矣。自言为宋远桥十七世孙，其拳式名三世七，以共三十七式而得名，又名长拳，与太极十三式拳势名目大同小异，然趋重单式练习，惟推手法则相同。其时纪子修先师，及吴鑑泉、许禹生、刘恩绶、刘彩臣、姜殿臣诸师，正倡导太极拳于京师，功行皆冠于时。闻宋氏名，相与访谒，与宋推手，皆随其所指而跌，奔腾其腕下，莫能自持。其最妙者，宋氏一举手，辄顺其腕与肩，掷至后方寻丈以外。于是纪、吴、许、刘诸师，皆叩首称弟子，从学于宋。时纪师年逾古稀，寿与宋相若，而愿为宋弟子，宋与师约，秘不传人，师曰：“予习

技，即以传人。若秘之，宁勿学耳。”于以见宋技之精，与纪师之耄而好学与坦率也。宋所传拳谱，名《宋氏家传太极功源流及支派考》，为宋远桥所手记者。其论太极拳种类原理，备极精详，并可信证太极十三式确为张三丰所传，为太极拳之一种。宋氏家传本，于民国初年宣露于世，前辈多抄存者，予于民国七年始得之。今之学者，守一师之说，诩诩自得，乃不知有宋氏，辄以考据自标，执笔学为如此之文，亦陋矣。宋氏在清季为词林巨子，所著内功原道明理诸篇，已播于世，允为杰作。惜其晚年因瘁家居，抱道自娱，积稿盈屋。许公禹生数敦其出，皆不起。继以重金求其稿，亦不许，仅承其口传心授一鳞半爪耳。旋居保定作古，其遗著不知流落何所，徒令人向往而已。

在杨澄甫的学生吴志青所编《太极正宗》（上海大东书局，1940年）一书中，收入一篇《向恺然先生练太极拳之经验》，据向氏所述：

项城当国时，幕中有宋书铭者，自称谓宋远桥之后人，颇善太极拳术。其时，以拳术著称于北平之吴鑑泉、刘恩绶、刘彩臣、纪子修等，皆请授业。究其技之造诣至何等，不之知也。宋约学后不得转授他人。时纪子修已年逾六十，谓宋曰：“某因练拳者，一代不如一代，虽学者不能下苦工夫，然教者不开诚相授，亦为斯技沦胥之一大原因。故不辞老朽，拜求指教，即为异日转授他人也。若学后不得转授，某已年逾六十，将于泉下教鬼耶！”遂独辞出。其从游者，终无所得。盖宋某拳师之习气甚深，其约人之不得传授他人，即不啻表示自之不肯以技授人也。

向恺然在1940年代所作《我研究推手的经过》一文中也有一段记载：

> 1929，在北京，从许禹生先生学习推手。他的太极拳是从宋书铭学的，是宋远桥的一派，专注意开合，配合呼吸。每一个动作，都要分析十三势，尤其以中定为十三势之母，一切动作都得由中定出发。可惜他那时主办北平国术馆兼办北平体育学校，工作太忙，不能和我多说手法，介绍了刘恩绶先生专教我推手。刘先生也是从宋书铭学过太极拳的。但他的推法，却跟以上诸位先生不同，忽轻忽重，或长或短，每每使我连、随不得，粘、黏不得。有时突然上提，我连脚跟都被提起，突然一撤，我便向前扑空。

如果就此认定宋书铭极其保守，绝不传人，似乎也不尽然。宋氏所传下来的功谱《太极功源流支派论》中，有这样一段文字：

> 书及后世，万不可轻泄传人。若谓不传人，当年先祖师何以传至余家也？却无论亲朋远近，所传者，贤也！遵先师之命，不敢妄传，后辈如传人之时，必须想余绪记之心血与先师之训诲可也。

此外还有一段“十不传”的训诫。可知宋氏并非不传，只是不能妄传，而须得贤者才传。可是，如此的老辈经验做派，与当时京师体育研究社力图大批量培养中小学体育师资的取径，显然并不融洽。因而“其晚年因瘁家居，抱道自娱，积稿盈屋。许公禹生数敦其出，皆不起。继以重金求其稿，亦不许，仅承其口传心授一鳞半爪耳”，也是必然。

不管怎么说，全佑的弟子们在民初得识宋氏以前，太极之功恐怕还都不是那么纯正的。在与宋书铭比试之后，就连全佑之子吴鑑泉都“随其所指而跌，奔腾其腕下，莫能自持”，甘愿“叩首称弟子，从学于宋”。据后人口传，作为全佑弟子的王茂斋、吴鑑泉、郭松亭这三位老先生关系很近，曾长期在王茂斋位于北京东四北的“同盛福”麻刀铺子后院一起切磋研究。这一点在民国十八年（1929年）刊印的《太极功同门录》中，也可看出一些端倪。前述从《同门录》“太极功传承表”来看，吴全佑的名下仅列了三人：王有林（茂斋）、吴爱绅（鑑泉）、郭芬（松亭）。《太极功同门录》中的“通信录”，所开列的主要是王茂斋、吴鑑泉、郭松亭及其各自的弟子门生。可以佐证在全佑的门人当中，这三人的关系较近的口头传闻，并非空穴来风。由此，王茂斋、郭松亭二人即便未直接从学于宋书铭，也会从吴鑑泉那里间接琢磨到宋书铭所传的太极功，参融了宋氏太极功是非常自然的事情。所幸历史还留下了如下一点记载。民国二十一年（1932年）二月，许禹生为副馆长（实际负责人）的北平特别市国术馆，正在编印月刊《体育》第一卷第二期，其中将发表沈家桢的文章《现时太极拳多数未能与他拳种比试之研究》，许禹生为该文作了一段按语：

宋氏三世七派，名书铭，字硕亭，项城当国时，曾居袁幕府。杨氏门徒如吴鑑泉、王茂斋等，皆曾拜门墙。宋师与余颇善，常寓舍中，获益匪鲜。

虽所述无多，但作为亲身经历者，许禹生留下的简短的文字，正佐证了王茂斋也曾师从宋书铭学习太极功这一历史事实。

民国十六年（1927 年），南京国民政府成立。北京成了旧都，改称“北平”。各界人士纷纷南下，市面日渐萧条。原本身在北京的几位知名拳师如孙禄堂、杨澄甫、吴鑑泉等人，乃至他们的弟子门生，因种种机缘，也相继汇入了南下的潮流中。而王茂斋不以教授拳技为生，长期经营“同盛福”麻刀铺，做建材生意，动身不便，遂留守于北平，以他为中心的师徒群体，成为此后旧都的一大门户，并深刻影响了北京城直到今天的拳技传习格局。

民国二十二年（1933 年）六月担任北平市长的袁良（文钦），同时于当年八月一日就职北平国术馆馆长。袁氏与北京武术界的渊源，至少要上溯至民国元年（1912 年），正值京师体育研究社成立前后，他被许禹生介绍参与有关“体育”活动。民国九年（1920 年），袁良以民国大总统府秘书、国务院参议的身份，兼任京师体育研究社的社长，以目前所掌握的资料看，至少民国九年（1920 年）至十三年（1924 年）期间他一直担任该职。十八年（1929 年）秋，袁良担任上海市公安局局长，热心介绍北平国术同人南下任教。在二十二年（1933 年）夏北平国术馆馆长就职仪式上，他被一再邀请当众表演太极拳一趟，颇获好评。袁良在太极拳方面一直颇有兴致，据当时报纸报道，他每天清晨天不亮即起，习练太极拳，在一旁陪同并指导的老师，正是王茂斋。

二、王茂斋所传太极功谱——《太极拳总纲目》

在过去，拳谱这一实体样式，能够在一定程度上反映接谱在手者传习内容的渊源。吴鑑泉保存并传递下来的拳谱，正式完整披露于1980年。是年，香港以《吴家太极拳》之名，再版吴鑑泉之子吴公藻于民国二十五年（1936年）编著的《太极拳讲义》，以影印的形式增附了一份“杨班侯传吴全佑之手抄秘本”。这份得自杨家的秘本，没有总的名称，由于其目录中条列了32个篇目，且目录的结尾还特意标明“共三十二目”，故而后人一般简称其为杨家“三十二目”。实际正文在这32篇的后面还有8篇。吴鑑泉曾在抄本封面上补题了谱名“太极法说”，并署名钤盖“吴鑑泉章”及“吴爱仁堂”章。在封面的背面，吴公藻本人以钢笔作了一段说明：

> 此书乃先祖吴全佑府君拜门后，由班侯老师所授，是于端芳亲王府内抄本，在我家已一百多年。公藻在童年时，即保存到如今。吴公藻识。

这是吴家保存的杨家所传“三十二目”拳谱首次以全部真容公之于世。

杨家自藏并传递的拳谱，也是这份“三十二目”。其真容是在1993年出版的《杨澄甫式太极拳》（杨振基演述、严翰秀整理）一书中，以“杨澄甫家传的古典手抄太极拳老拳谱影印”的名目公开的。杨振基于1992年6月20日书写了“影印件说明”：

手抄本太极拳老拳谱32解长期在我母亲处保存，1961年末我要去华北局教拳，母亲将此手抄本交与我，由于此本作为自己的内修本也就没有外传，今趁出书之机把它公布，让广大爱好太极拳者藉此有新的思索和提高太极拳理论水平，这是我所盼。

对照杨吴两家所藏的这两份“三十二目”影印本，均为工楷抄录，纸本样式、字迹及誊录格式几乎完全一致，极可能出于同一人之手，至少一式两份。至于这两份拳谱出自何人之手，据后世相关口传，杨禄蹝的女婿夏国勋在京期间，未曾授徒，平日在家琢磨写拳谱，杨家拳谱出自夏氏之手，并非不可能。不过，这两份拳谱中存在个别字句同时有误的情况，或许抄录者与写作者并非一人。有学者根据其中多次出现的“体育”一词，判断该谱应作于19世纪后期。

可是，作为吴鑑泉的师兄，王茂斋手中曾保存的功谱是什么样式？至今很多人已难知真相。由于“文革”中王茂斋之子王子英被抄家批斗并遣返原籍严加看管，王茂斋所传下来的拳谱可能已尽遭损毁。随着王茂斋门下两代传承者的相继谢世，切实情形愈加模糊。可是，从一些或隐或现的残存文献中，还能寻到一些蛛丝马迹。

本人在2011年春到莱州的走访调查中得知，王茂斋的外甥张式聚（王子英的两姨弟兄）保存下一份拳谱的抄本，封面题名为《武当派拳集册》。张式聚的长孙曾出示了该册封面及最前面一页目录复印件，该目录大致即宋书铭所传《太极功源流支派论》的内容。据张式聚的后人讲，张式聚生前口述这份功谱的来历，是当年他的姨父王茂斋亲自交给他，让他抄录保存的。该谱在张氏后人手中，外人难得一见。

2010年出版的《李经梧太极内功及所藏秘谱》（梅墨生、李树峻编著）一书，其中公布了李经梧所保存下来的拳谱——《太极拳秘宗》。据梅先生所述：

> 1989年冬，有一次去北戴河见老师（笔者当时生活工作于秦皇岛市），恩师取出《太极拳秘宗》嘱我抄录一份，并再三叮咛说："你有文化（恩师十分尊重文化人），要认真研读，要多琢磨，太极道理尽在其中啊！"我一看是一本很旧的手抄本线装书；虽不破，但边角已毛边。恩师还要求抄完即送回，可见他对此书的珍重。我当时是用钢笔抄录的，月余后便将原书璧还。老师告知，这本秘谱是赵铁庵师爷珍藏的，临别时郑重赠他，时约在1945年秋。我的抄本一直珍藏身边，偶尔取出翻阅。
>
> 2003年"非典"时期居家不出，笔者又以毛笔小楷重录囊一遍。适有文雅堂主人来访，建议正式印行，我未允；他又掳提出用宣纸仿真印刷若干，我同意。于是加上朱丝栏原大印刷20册，分赠几位师兄同门及个别太极友人，今手头仅存两本。
>
> 就我所知，老师此书很少示人，便是弟子学生也不是轻易得见。老师允我回去抄录，足见厚爱。在当时，有关秘本面市甚少，益见珍贵。尤觉可惜的是，恩师1997年5月2日归道山后，此旧本已不知去向。亦曾询问老师次子树峻师兄及长女美江师姐，均言不在手中。好在恩师命我手录一遍，

得以存稿。冥冥之中，因缘甚妙。笔者虽不才，但少年嗜武好文，近年尤潜心于太极拳习研，偶笔之于文，当年师命或属偶然，而正缘此才使珍贵文献仍保存下来，以供世人研究。恩师所嘱望于笔者，复何敢辞！恩师辞世已十三载，旋又近清明节，笔者仅以此文纪念恩师。他日或师藏本又能拂尘面世，深期望焉。

李经梧老师所藏《太极拳秘宗》系32开本大小，线装手订，深紫红色书皮，约一厘米厚，毛笔小楷，字迹端秀。尾页原跋文为："民国癸酉重阳前七日，铁厂（音'an'，与'庵'字通）兄授以拳术并属抄此谱，遂不敢计字之工拙，敬录以呈。后学弟金宇宗缮本。"由此跋文看来，当年赵铁庵命金宇宗抄录了这本秘谱。但赵给金的底本是何人所藏已无从知晓。有一点是肯定的：金抄本是照底本抄录的"缮本"，应该是全貌，就如笔者当年抄录时一字不漏一样。因此，虽非原本，但其抄录皆忠实底本却是一致的。

赵铁厂所传的金宇宗抄本，从"民国癸酉"来看，应抄录于1933年。该谱前半部分即"太极功源流支派论"，后半部分即杨家"三十二目"。

目前所公开的宋氏《太极功源流支派论》抄本，主要有《太极功》（吴图南藏本及抄本，见吴图南讲授、马有清编著《太极拳之研究》）、《太极拳秘宗》（赵铁厂藏本梅墨生抄本，见梅墨生、李树峻编著《李经梧太极内功及所藏秘谱》）、《太极功源流支派论》（谈士琦藏本范愚园再抄本，见宋书铭著、二水居士校注《太极功源流支派论》)、《太极拳法》（陈耀庭藏本，见宋书铭著、二水居士校注《太极功源流支派论》)。除了赵铁厂藏《太极拳秘宗》梅抄本以外，其余几种均无目录。而赵铁厂《太极拳秘宗》梅抄本与张式聚《武当派拳集册》最前面都有目录。

《太极拳秘宗》《武当派拳集册》前部目录对照表

赵铁厂《太极拳秘宗》(梅墨生抄本)	张式聚《武当派拳集册》	备注
太极拳总纲目	太极拳总纲目	
宋氏家传源流支派论	宋氏家传源流支派论	
太极拳式名目	太极拳式名目	
八字歌	八字歌	
三十七心会论	三十七心会论	
三十七周身大用论	三十七周身大用论	
十六关要论	十六关要论	
用功歌	功用歌	张式聚《武当派拳集册》与其余各本均为“功用”,仅赵铁厂《太极拳秘宗》梅抄本为“用功”,很可能是赵本在抄录过程中作了改动

（续表）

赵铁厂《太极拳秘宗》(梅墨生抄本)	张式聚《武当派拳集册》	备注
俞莲舟得授全体	俞莲得授全体	张式聚抄本大约漏抄一“舟”字
授秘歌	授秘歌	
太极别名十三式	太极别名十三式	
程先生小九天法式	程先生小九天法式	
观经悟会法	观经悟会法	
用功五志	用功五志	
四性归源歌	四性归源歌	
	宋仲殊后天法	赵铁厂《太极拳秘宗》梅抄本目录中没有最后面的这四项，但内文相关内容并无缺失
	十不传	
	四大忌	
	用功三小忌	

再将二者前面目录作一对照，仅有少量因抄录不仔细而出现的差异，大体几乎一致。特别是前面都加上了“太极拳总纲目”，并且《宋氏家传源流支派论》的标题与另外几种本子的“宋氏家传太极功源流支派论”“太极功源流支派考”均有不同，而明显缺少“太极

功”三字。二者目录的最大差异是张式聚《武当派拳集册》目录中有“宋仲殊后天法”“十不传”“四大忌”“用功三小忌”。赵铁厂《太极拳秘宗》梅抄本目录中虽没有此四者，但内文并不缺少这部分内容，不知从赵铁厂那里开始的多次转抄，是否漏抄了底本目录的内容；又或者王茂斋底本的目录上本没有此四者，而张式聚在抄录时发现该目录有遗漏，自己补上了？其中，后者的可能性比较大。从张式聚抄本目录影印件来看，其目录分为上下两排，上排由右到左分别是“宋氏家传源流支派论”到“功用歌”，再转为下排由右到左分别是“俞莲（舟）得授全体”到“四性归源歌”，亦即“由右而左，由上而下”的顺序。而最后的“宋仲殊后天法”“十不传”“四大忌”“用功三小忌”四项，“宋仲殊后天法”“四大忌”二者接在上排“功用歌”的后面，“十不传”“用功三小忌”二者接在下排“四性归源歌”的后面，也就是改为“由上而下，由右而左”的顺序，导致如不仔细看便会给人造成错乱的感觉，据此可以推断，张式聚抄本目录的最后四项应是补入的。

张式聚的抄本，因仅得见最前面《太极功源流支派论》部分的目录，该谱后半部分是否还有像赵铁厂《太极拳秘宗》那样的“三十二目”内容，尚不得而知。但从“集册”二字，应不止宋氏《太极功源流支派论》的内容，后半部分极有可能便是“三十二目”。先将这一预判的谜底放在此处，以待日后揭示验证。

既然张式聚这份功谱是当年王茂斋亲自交给他让抄录保存的，如此来看，与之如出一辙的赵铁厂《太极拳秘宗》，底本很可能也是来自其师王茂斋。或者说，赵铁厂《太极拳秘宗》、张式聚《武当派拳集册》这两份抄本的底本，即是王茂斋手中保存的太极功谱。

至于赵张二本的题名不同，合理推断，应是王茂斋保存的功谱封面并没有题名，只是将宋氏《太极功源流支派论》与杨家“三十二目”合为一体后，在起首拟了个总名——“太极拳总纲目”。而张式聚、金宇宗抄本，都将“太极拳总纲目”视为内文中与“目录”二字意义相当的内容，并在封面上各自增加了一个题名。

王茂斋保存的太极功谱底本，早已不知下落。好在赵铁厂、张式聚分别传下的抄本，大致可以作为副本来弥补这一缺憾。只是张式聚抄本，目前在其后人手中，一直处于保密状态；而梅墨生先生公开的抄本，可以让我们从中看到王茂斋所传功谱的大致面目。

本书上篇《太极拳总纲目》（王茂斋传太极功谱），主要依据赵铁厂传《太极拳秘宗》梅墨生再抄本整理，其中前半部分宋氏《太极功源流支派论》部分，与其他各抄本作了对照，明显的缺漏、更动及讹误处稍微作了调整；后半部分杨家所传“三十二目”，与杨、吴两家藏本影印件进行了对照，个别漏抄、更动及讹误处也稍作复原。所调整、复原者，一般只是字词语法，基本不关涉原义。但需要特别说明的是，这里只是为了呈现王茂斋所传太极功谱的大概面貌，给王茂斋太极功传习者一个聊胜于无的大致参考。作版本考据者自应以各原抄本为准，不必以此为据。

此外，值得一提的是，吴鑑泉等人在民国初期虽向宋书铭“叩首称弟子，从学于宋”，并且据吴等人的学生王新午所说“宋氏家传本，于民国初年宣露于世，前辈多抄存者，予于民国七年始得之。”而吴鑑泉所传留到其子吴公藻手中的拳谱，却只是被吴鑑泉题名为《太极法说》的那份源自杨家的“三十二目”拳谱，未见有宋氏《太极功源流支派论》传下来。吴氏门生的著作中，除了吴图南晚年的一些讲述，也都几乎见不到有关宋书铭及其太极功的记载。宋氏《太极功源流支派论》，后来主要是在王茂斋的门人中流传，并且对该谱较为重视，只是对宋书铭其人也大都默而不语，让人浮想。

三、昭同门，序长幼——《太极功同门录》

民国十八年（1929 年），身在旧都北平的王茂斋的门人，组织刊印了《太极功同门录》。这是王茂斋门下首次以印刷形式完成的第一份文献资料。

作为“同学录”性质的文本，该文献并没有署名主编者姓名，但从其中吴鑑泉弟子杨毓璋序中所言“己巳岁春间（按：即 1929 年春），同门兄彭仁轩召我，谓拟将同门兄弟以及所宗师之长者姓名、籍贯，切付诸石印”“仁轩之所辑此录者，亦可谓是保我宗系之要籍”，可知该《同门录》的策划编辑者是彭仁轩。而彭仁轩也正是此后于民国二十二年（1933 年）刊印的《太极拳详解》的著作者。

综合《太极功同门录》《太极拳详解》两份文献资料中与彭氏有关的记录来看，其名广义，别号仁轩，生于清光绪十六年（1890 年），籍贯河北任丘。自幼随父入京，身弱多病，缠绵不愈，觅遍补救之方法，仍无效果。后闻友人谈及太极拳可祛病延年，经全佑弟子郭松亭介绍拜王茂斋为师。学太极拳后每日饮食增加，身体益渐强壮。彭仁轩后来在前门外虎坊桥帐垂营北平军分会尉官差遣队当差，虽终日服务奔驰，亦不觉其劳苦，坚持练功十余载，久而久之其病自失。其弟彭顺义（寿延）亦拜王茂斋为师学太极功，同在北平军分会尉官差遣队当兵。

《太极功同门录》由四部分组成：一、序言（何纯舒、钟鹏年、金受申、杨毓璋、李翰章各一）；二、《太极拳经》（包括《太极拳论》与《太极拳十三势名目》）；三、太极功统系表（包括从张三丰至吴全佑等，吴全佑至王有林、吴爱绅、郭芬，及王有林、吴爱绅、郭芬、赵崇佑、杨德山、彭广义、王杰、吴润泽各自传人表）；四、通信录（包括同门师生的姓名、别号、年岁、籍贯、通信处，其中最前者是王茂斋师兄弟六人，并非完全以年龄为序，此后皆属王、吴、郭三人的弟子门生，均以年龄长幼为序混同排列，年岁不清空缺者列于最后）。

《太极功同门录》大约是我国民间武艺史上第一部公开刊印的门人谱。其中简单记录了太极拳的源流传承关系，尤其是王茂斋、吴鑑泉、郭松亭三人及弟子门生。这为后人了解该同门群体的人物及师生传承关系，留下了真实的记录，甚至连每位人物的姓名、别号、年岁、籍贯、通信处等信息都准确可查，难能可贵。

须略作说明的是，该同门录并非完全无缺，尤其王茂斋、吴鑑泉的门人，尚有一些遗漏，如王茂斋之侄王历生、之甥张式聚以及吴季康、李子固、董焕堂、易仲贤、陈子和、曹幼甫等，吴鑑泉之女吴英华等，均不在列，原因可能不一，有的也许是无意的疏漏；有的可能在编辑同门录前后刚入门不久，尚未定性；有的可能是此后才师从于王、吴、郭等人。另外，还有一些特殊情况，以个人所知，此时刚年满十八岁的刘光斗（又名光魁，字正刚，号元化），已向王茂斋学习多年，但《同门录》中也不见刘的名字。如果说是无意疏漏，并非没有可能。但仔细推敲，也许还有一些特殊原因。刘光斗自幼曾随京城谭腿门名家张玉连习艺多年，后从王茂斋习太极，其时，北京城中有一位八卦功的名家兴石如，姓兴，名福，字石如，正蓝旗人，满姓他塔喇氏（满语 Tatara Hala，亦称“他塔拉”或“他他拉”），辛亥后改随汉姓“唐”，因而又有作唐石如、唐兴福。与其师宋永祥（董海川弟子）一样，兴石如早年亦自外家入门，后师从于宋，又曾从刘德宽习六合大枪等。兴石如自民国初期开始即在许禹生创办的京师体育研究社任教员，平日与王茂斋常有往来，但岁近晚年一直没有真正的徒弟。而刘光斗的习艺历程和功底又与宋永祥、兴石如类似，王茂斋便将刘光斗荐与兴石如，让刘正式拜兴石如为师。同时，王茂斋也让其子王子英一起去从兴师学。也就是说，刘光斗最终是归在兴石如八卦门下的。

总而言之，并不能完全以该同门录来判定王、吴、郭的全部门人，只能说是截至民国十八年（1929 年）的大致情况。

由于该文献并非正式出版，只是刊印后作为内部资料分发保存，原本数量极少，历经时代动荡劫难，几成绝本，世所罕见。以个人所知，在王茂斋两位门人张式聚、郑和春的后人处，各有一份尚存，难得一见。2013 年北京吴式太极拳研究会续修的《太极功同门录》中，已根据复印件作了整理披露，虽未能见到庐山真容，却可得知其中大致的文字内容，聊胜于无。

本书呈现者，是根据所收集到的一份修补残缺本复印件、一份抄录增续本复印件，与 2013 年续修本中的文字内容进行了核对校正，复原而成，以供王茂斋、吴鑑泉、郭松亭等的太极功后传者参考。

四、王茂斋门下首部太极拳著作——《太极拳详解》

民国十六年（1927年），南京国民政府成立后，一大批军政要员倡导“国术”，由首都南京到各省县设立了国术馆系统，各大城市的军警系统、学校以及相关社会团体也纷纷组织活动，国术运动声浪迭起，太极拳术也随之风靡全国。作为旧都北平军分会尉官差遣队成员的王茂斋弟子彭仁轩，奉命将太极拳列入日课，指导队员。为便于指导，又奉命“编辑成书，以资佐证”。民国二十二年（1933年），彭仁轩编著的《太极拳详解》正式刊行。这也是王茂斋门下的第一部太极拳著作，它是在王茂斋、吴鑑泉等人在世期间编印而成的，虽然其“作始也简”，而对后世传习者却是难得的早期范本，别具参考价值。

《太极拳详解》封面之内，即为王茂斋半身肖像，背面为著作者彭仁轩肖像，随后分别是吴佩孚、江朝宗、荣臻、杨寿枢、夏仁虎、金绍曾、恽宝惠、王琦、齐振林、张瞻庵、陆哀、谢霈、杨曼青、苏世荣、赵得岭题词，杨曼青、李振彪序言，作者彭仁轩自序，张思慎、陈雨序言，以及目录。主要内容为十章廿六节。书后为王国梁、彭顺义跋语。

经与多种资料对照，《太极拳详解》主要廿六节内容的十节来自杨家所传“三十二目”；六节来自杨家流传的《太极拳谱》（即王宗岳《太极拳论》及武禹襄、李亦畬著述）；四节来自宋氏《太极功源流支派论》。

该书主体为第七章“太极拳各式图解”部分，约占全书版面的三分之二。与民国十年（1921年）版的许禹生《太极拳势图解》对照，可以发现《太极拳详解》的这部分内容，主要参考了许著，在此基础上，根据王茂斋所传拳架调整而成。

《太极拳详解》内容来源对照表

《太极拳详解》目录		来源	备注
第一章	第一节 三丰祖师列传	节录清代汪锡龄《三丰先生本传》（收录于清·李西月重编《张三丰先生全集》卷一）	
	第二节 三丰祖师以武事得道论	杨家所传“三十二目”拳谱之“张三丰以武事得道论”	
第二章	第一节 太极拳之传流	节录许禹生《太极拳势图解》（民国十年版）第五章“太极拳之流派”，并增加了全佑后传的内容，即“至保亭先生为人和蔼，生平不轻与人较技，即较技亦必让人三着，盖其天性使然也。得其传者，仅王有林字茂斋，郭芬字松亭，吴爱绅字鑑泉。王茂斋先生性质朴实，造诣精纯，更能博通内外诸家，其太极工夫，已至炉火纯清，登峰造极，凡有就学之者，并不吝珠玉，倾心教而授之。得其传者，有彭广义（字仁轩）等，约数百余人，均受业焉。”	
	第二节 太极拳论	节录杨家流传《太极拳谱》之“山右王宗岳先生太极拳论”	李亦畬手抄“老三本”中作“山右王宗岳太极拳论”

（续表）

《太极拳详解》目录		来源	备注
第三章	第一节 太极拳释名	节录杨家流传《太极拳谱》之“山右王宗岳先生太极拳论”	李亦畲手抄“老三本”中作“十三势，一名长拳，一名十三势”
	第二节 太极圈歌	杨家所传“三十二目”拳谱之“太极圈”	
第四章	第一节 太极八门五步法	杨家所传“三十二目”拳谱之“八门五步”	
	第二节 太极四时五气图附说明	杨家所传“三十二目”拳谱之“太极四时五气解图”	
第五章	第一节 太极十三式总论	节录杨家流传《太极拳谱》之“太极拳论”	节录李亦畲手抄“老三本”中作“解曰”
	第二节 太极十三式行功心解	杨家流传《太极拳谱》之“十三势行功心解”	节录李亦畲手抄“老三本”中作“打手要言”及“解曰”“又曰”
	第三节 太极十三式行功歌	杨家流传《太极拳谱》之“十三势歌”	李亦畲手抄“老三本”中作“十三势行功歌诀”
第六章	第一节 用功四忌	《太极功源流支派论》之“此书有四忌”	
	第二节 用功三小忌	《太极功源流支派论》之“用功三小忌”	
	第三节 用功五志	《太极功源流支派论》之“用功五志”	

（续表）

《太极拳详解》目录		来源	备注
第七章	第一节 太极拳各式名称及目次		
	第二节 太极拳连贯教练路线图		
	第三节 太极拳各式图解		
第八章	第一节 太极虚实开合论附图		李亦畬手抄“启轩本”之“论虚实开合”
	第二节 太极拳懂劲先后论	杨家所传“三十二目”拳谱之“懂劲先后论”	
第九章	第一节 四正推手歌后附推手图	节录杨家流传《太极拳谱》之“打手歌”及“十三势行功心解”	节录李亦畬手抄“老三本”之“打手歌”及“又曰”
	第二节 粘黏连随解	杨家所传“三十二目”拳谱之“粘黏连随”	
	第三节 太极轻重浮沉解	杨家所传“三十二目”拳谱之“太极轻重浮沉解”	
第十章	第一节 太极四隅推手解后附图	杨家所传“三十二目”拳谱之“太极四隅解”	
	第二节 顶匾丢抗论	杨家所传“三十二目”拳谱之“顶匾丢抗”	
	第三节 对待无病论	杨家所传“三十二目”拳谱之“对待无病”	
	第四节 观经悟会论	《太极功源流支派论》之“观经悟会法”	

彭仁轩编著的《太极拳详解》一书，大致本着“述而不作”的原则，体现了对前人所传的继承，当然也可能个人知识学养所限，没有过多阐发个人的分析和体会，因而看起来稍显简陋。可是，这却是王茂斋门下太极拳专著的开端。按照彭仁轩的计划，在编印完成《太极功同门录》《太极拳详解》之后，还要将“太极剑、太极刀、太极枪等项”“全部续出，方为完璧”。由此，或许可以大致呈现王茂斋所传“太极功”的全部内容。可惜，彭仁轩其人后来的人生走向无从知悉，也未再见到相关著述的问世。作为当时的一位军人，不知是否在几年后的抗战中已为国捐躯。无论怎样，他在前期所做的这两项工作，却为后人认识那段历史真相提供了可贵的资料。粗略琢磨，《太极拳详解》一书大约有如下几点意义：

（一）呈现了杨家所传两种拳谱的相关内容

以今人的后见之明看去，杨禄躔及班侯、健侯父子所传下的太极拳文献，主要为三类：一是从同乡武禹襄处得来的王宗岳《太极拳论》及武禹襄、李亦畬等人著述，该谱在杨家门人中相对较为公开；二是被后人俗称为“三十二目”的拳谱，该谱在很长一段时期内一直较为隐秘；三是杨班侯、杨健侯等人的歌诀及经验之言等。

对照后来公开的李亦畬手抄本来看，晚清时期杨家从武禹襄处所得的拳论，大约在京城又经过杨家拳传习者的润色调整，并被陆续传抄开来，在流传过程中可能也有所修饰调整。彭仁轩《太极拳详解》中所选载的几篇王宗岳《太极拳论》及武禹襄、李亦畬等人著述，大都是在杨家经过润色调整后的。

值得留意的是，彭仁轩《太极拳详解》中收录的“太极虚实开合论附图”，只是李亦畲“老三本”之一“启轩本”（李亦畲赠予胞弟李启轩之手抄本）所有，王宗岳《太极拳论》也并未采取杨家拳学者润色增添了“动静之机”的表述。南京国民政府时期，李启轩之孙李福荫在永年的河北省立第十三中学任教期间，将家藏之“启轩本”重新编次油印赠人。因而，彭仁轩《太极拳详解》中的部分内容很可能是源自当时公开的“启轩本”。

杨家所藏“三十二目”拳谱的部分内容，最早是在董英杰协助其师杨澄甫编辑的《太极拳使用法》中公布的。该书于民国二十年（1931 年）由上海文光印务馆印制、神州国光社发行。其中公布了杨家所存“三十二目”拳谱中的十五目，即：第一目“八门五步”、第二目“八门五步用功法”、第四目“粘黏连随”、第五目“顶匾丢抗”、第六目“对待无病”、第七目“对待用功法守中土”、第八目“身形腰顶”、第九目“太极圈”、第十一目“太极上下名天地”、第十六目“八五十三势长拳解”、第十七目“太极阴阳颠倒解”、第十九目“太极分文武三成解”、第二十二目“太极轻重浮沉解”、第二十六目“太极血气根本解”、第二十八目“太极尺寸分毫解”。在《太极拳使用法》面世不久，杨澄甫即令把未售之书全部收回并焚毁，因此该书流传不广。此时身在北平的王茂斋及其门人，是否得见该书，也属未知。

王茂斋弟子彭仁轩于民国二十二年（1933 年）刊印的《太极拳详解》，是紧接杨澄甫《太极拳使用法》之后，第二部公布了杨家所传“三十二目”拳谱内容的著作，选取了十篇，即“张三丰以武事得道论”“太极圈”“八门五步”“太极四时五气解图”“懂劲先后论”“粘黏连随”“太极轻重浮沉解”“太极四隅解”“顶匾丢抗”

"对待无病"。其中，"张三丰以武事得道论""太极四时五气解图""懂劲先后论""太极四隅解"四篇，是杨澄甫《太极拳使用法》中所未披露的。因而可以推测，彭仁轩在编书之时，所参考的"三十二目"拳谱底本，并非来自杨澄甫《太极拳使用法》，而是另有来源。

作为全佑的大弟子、吴鑑泉的师兄，王茂斋手里所保存的《太极拳总纲目》功谱，其中后半部分的"三十二目"内容，很可能是直接抄录自吴家藏本。而作为王茂斋弟子的彭仁轩，在编写《太极拳详解》时，披露了从其师王茂斋处得见的《太极拳总纲目》功谱内容，也是合情合理，顺理成章。

（二）最早以印刷形式公开了《太极功源流支派论》的部分内容

《太极功源流支派论》，又有作《宋氏家传太极功源流支派论》，内称为张三丰弟子宋远桥所作。该谱为较多人所知，约在民国初期，并且是随着宋书铭（硕亭）的出现而渐为人所知的。后人更进一步认定，该谱很可能是宋书铭本人托名其先祖而作。

目前所知，最早透露了《太极功源流支派论》内容的著作，大约是民国十年（1921 年）许禹生的《太极拳势图解》。该书第五章"太极拳之流派"中所述及的"许宣平……宋远桥；李道子——俞清慧、俞一诚……俞莲舟、俞岱岩；韩拱月——程灵洗……程珌；胡镜子——宋仲殊——殷利亨；张三丰——张松溪、张翠山"这一传承脉络，即源自《太极功源流支派论》。许著以后，长期未见其他著述涉及《太极功源流支派论》中的具体内容，而于民国二十二年（1933年）刊印的彭仁轩编著《太极拳详解》中摘选了"用功四忌""用功三小忌""用功五志""观经悟会论"，虽然所选内容很少，却是目前所知最早以印刷形式披露了《太极功源流支派论》具体拳诀内容的著作。并且，这些内容很可能也是来自王茂斋所保存的《太极拳总纲目》功谱。

不过，王茂斋的门人彭仁轩所编的《太极功同门录》《太极拳详解》，在传承源流方面，不知有意还是无意，均未述及《太极功源流支派论》中的源流脉络，亦未言及对全佑的几位门人影响较大的宋书铭。这算是维护源自全佑的门户，还是对宋书铭与众人相约“秘不传人”的尊重？无从确知。

（三）王茂斋门下首部太极拳著作，可见王茂斋所传太极功的拳架样式

晚年身在上海的吴鑑泉，曾拍过两套拳照传世，让后人对其拳架样式有据可依。而王茂斋却没有给后人留下整套的拳照，这对以他为宗的后世传习者来说，殊为憾事。可是，彭仁轩编著《太极拳详解》之时，其师王茂斋尚在世，当时编书不易，虽然动作为简单图画勾勒，但彭仁轩必然也是忠于其师所传而不会随意编造的。

通过《太极拳详解》一书，可以看到王茂斋所传太极拳架的大致原貌，与吴鑑泉式“斜中寓正”的架势有所不同，王传太极的定势是相对中正的，这与民国十年（1921 年）版许禹生《太极拳势图解》中的拳势，以及民国十四年（1925 年）版陈微明《太极拳术》中所采用的杨澄甫早期拳照，从定势上看几乎没有太大差别，只是在单鞭、白鹤晾翅等一些具体动作上有所不同。至于全佑一脉所精擅的细腻柔化，从这些落在纸面上的定势中，无法展现，也就无从作具体分析了。

附论：架势演化与“吴式太极拳”由来

从晚清到民国时期，太极拳的架势和趟路，实际一直因人而异，变动不居。从源头上看，杨禄躔之子杨班侯、杨健侯的架势便不相同，杨健侯之子杨少侯、杨澄甫也相差甚远。即便杨澄甫本人的架势，将 1925 年其徒陈微明出版的《太极拳术》与 1931 年董英杰协助编辑的《太极拳使用法》对照来看，差别不小。

由杨家派生出来的三位旗人万春、凌山、全佑，也是“一劲刚，一善发人，一善柔化，或谓三人各得先生之一体，有筋、骨、皮之分。”再细看全佑的门徒吴鑑泉的架势，目前可以看到最早的大约是 1929 年春上海九福公司初版发行的《康健指南》(太极拳全图)，其中的“太极拳全图”便是吴鑑泉的太极拳照，仅是照片，没有具体动作说明。其次是陈振民、马岳梁所著 1935 年初版的《吴鑑泉氏的太极拳》，其中所用的是吴鑑泉的另一套拳照，拳势之间的过渡部分由其婿马岳梁拳照补充。对照来看，吴鑑泉本人在短短几年内的架势就已发生变化。近半个世纪之后的 1980 年，香港以《吴家太极拳》之名，再版吴鑑泉之子吴公藻于 1936 年编著的《太极拳讲义》，附录了《吴鑑泉氏的太极拳》所用的那套吴鑑泉拳式照片，同时也附录了吴公仪的全套拳照，可以看到吴公仪的架势与其父吴鑑泉也大不一样。

吴鑑泉以外，全佑的其余弟子都没有拳照传世。刘彩臣的拳势，可参考其徒李先五 1933 年出版的《太极拳》；常远亭的拳架样式，可借其后传樊继芬《常式太极拳》(1991)、汪波《全佑老架太极拳》(2001)、刘泰山《宫廷常式太极源流与精要》(2013) 等想象大概；

王茂斋的拳势，可以参考其弟子彭广义（仁轩）于 1933 年刊印的《太极拳详解》，当时王茂斋本人仍在世，其中所公布的太极拳势虽只是手绘，却可以看出其动作较为开展且中正，与今天习见的吴式太极拳样式也是存在一定差异。

即便王茂斋的门人，杨禹廷、修丕勋、朱家和、刘光斗、张式聚、郑和春……所传下来的架势各是各的面目，作为杨禹廷弟子的王培生、李经梧等人的拳架与其师也并不相同。以个人所知，刘光斗的两位传人刘晚苍、刘焕烈的拳架亦不一致。

因此，太极拳的架势，实际也是有生命力的，不是固化、僵死的，而是生生不已的。前人授技、学艺，并不强求外在层面的形似，而更重内在之道。或者说拳架只是各人所领悟的太极内在核心之道的外在展现形式，核心之外的样式，在模仿师辈架势的基础上，可以随着个人性情、悟性、功力、体型、年龄等多方面因素，不断作动态的调整，以符合各自所体悟的合理状态。

由此来说，太极拳的外在架势，实际不必强求千人一面，搞出所谓规定套路或标准动作，以此作为赛场的评判标准；也不必门户见识，是己非人。父子相传、一师二徒，便不可能毫无分别。个人早年与晚年的架势，也不会绝对不变。所谓“理一分殊”，求同存异，交流印证，或许才有正道。

今天一般将吴鑑泉、王茂斋所传的太极拳，习称为“吴式太极拳”。也有人不满于体操化、科学化的规定套路的“吴式太极拳”，将自身有传承渊源的太极拳称为“吴氏太极拳”。

从清末到民国时期，虽然旗人全佑的传人在北京城中逐渐发展为几乎与杨家并列的支派，但始终并没有“吴式太极拳”这一说法。太极功的核心本是一阴一阳之道，外在形式不是僵死固定的，从外形层面与他人不同做出分别而标新立异，本不可取。杨家三代人的架势各异，本不固化，由杨家衍生出的支派的架势不固定，也是理所当然。

王茂斋在世期间，以他为宗的师生众人往往称所传习的技艺为“太极”或“太极功”，并没有冠以姓氏派别。这种做法大致还是延续了从清末到民国初期北京城的老传统，那时太极被视为一家，并无明显分别。

1927 年南京国民政府成立后，原本以北京为中心的北方众多拳术名家相继受聘南下，集中于南京、上海一带。特别是在此前后，河南温县陈家沟的几位拳师相继进入北京、南京等都会，逐渐为外界所知，让不少人在对比之下，看到“太极”的巨大差异。在这一时期，由于从中央到地方的国术馆系统相继设立，国术考试、比赛、表演活动不断进行，全国的拳师与拳手时常聚集。在此背景下，同样是习练太极拳，因师承不同，而架势各异。所以，在南京、上海一些国术活动的名单中有时会标明师承渊源，比如，孙禄堂太极拳、杨澄甫太极拳、吴鑑泉太极拳、陈子明太极拳……与此同时，有关河南温县陈家沟的太极拳的专著率先标明了姓氏，例如：1932 年，中央国术馆与河南省国术馆审定的陈家沟陈子明所呈送的《陈氏世传太极拳术》在上海正式出版；1933 年，陈鑫的《陈氏太极拳图说》在开封正式出版。后来，陈照丕（绩甫）所编的《陈氏太极拳汇宗》于 1935 年 10 月在南京出版，均冠以姓氏。

在此环境下，1935 年 5 月，上海康健杂志社发行了陈振民、马岳梁编著的太极拳专著，书名为《吴鑑泉氏的太极拳》。这是全佑一脉传人的著作中，明确标明姓氏的发端。

新中国成立后，人民体育出版社1958年7月出版了吴鑑泉弟子徐致一的著作，名为《太极拳（吴鑑泉式）》。该书前言第一句就明确说明“本书所介绍的拳式是已故太极拳专家吴鑑泉先生的拳式。”1964年8月第五次印刷时，徐致一重新修改和补充后，改名为《吴式太极拳》。这也正是“吴式太极拳”的真正来历。在后来《吴式太极拳》这本书的“吴式太极拳简介”中，更进一步明确说明，该书非但只是吴鑑泉的拳式，并且“系吴鑑泉晚年所传授的拳式”。所以，“吴式太极拳”实即“吴鑑泉氏”或“吴鑑泉式”的太极拳架势。或者明确地说，“吴式太极拳”就是指吴鑑泉本人的架势而言，并不是全佑的其他门人的架势。而全佑其他门人的架势与吴鑑泉也是有所差异的。像徐致一《吴式太极拳》中的“吴式太极拳简介”所言，“吴式太极拳始于满族人全佑（1834—1902），后经其子吴鑑泉（从汉姓吴，1870—1942）加以改进修润而形成一个流派。”吴鑑泉传人的著作大都不提王茂斋、郭松亭、常远亭等，从源头上追溯全佑，然后就是到吴鑑泉。以吴鑑泉作为“吴式太极拳”的真正宗师，也是无可厚非。就连1984年出版的王力泉、王辉璞所著《吴氏简化太极拳》一书中，也承认“吴氏太极拳始于吴鑑泉”。

当新中国成立之初推出陈、杨、吴、武、孙等几大代表作后，天下太极随即自然划分出几大派，特别是北京以王茂斋为宗的传习者，都主动或被动地划入了“吴式太极拳”当中。尤其是以王茂斋为中心的所谓“吴式太极拳”的“北派”传习者，往往认为自己的“吴式太极拳”是跟吴全佑姓，亦即由旗人全佑所传者，即为“吴式太极拳”。本人认为，这可能只是一厢情愿的认定，并不符合历史演化的真实。在这种情况下，就算吴鑑泉的后传们不承认王茂斋的后传为“吴式太极拳”，实际也是理所当然，还不如以“太极功”或就近以“王茂斋太极拳”相称更好。

“太极”的核心大约只是一个，在外在架势上做分别、冠姓氏、划派分的做法，实际并不高明。或者追根溯源均以“太极”“太极拳”或者说“太极功”相称便是；或者采取西汉“推恩令”方式，就近表明师承渊源，如杨禹廷太极拳、吴图南太极拳、刘晚苍太极拳、李经梧太极拳、王培生太极拳……如此之类，化大为小，或许更有利于消弭先入为主的大派隔阂，增进细微交流。进而言之，当今太极拳真正需要深入切磋、探讨的，主要不是拳架子的差异，仍当是养生与技击两大核心问题，这与前人面对的问题实际一样。对于内家拳来说，养生与技击这两者又不是截然分开，所以两大问题也许本是一个问题。简而言之，就是如何修出太极之体，以达到养生与技击兼备的效果。这是太极拳的活生生的内在灵魂，也是真正能够让人受益的所在。而这一核心问题在当今泥沙俱下的潮流中愈发显得紧要。脱离灵魂求发展，不求内在一致而重外在分别，只能是《老子》所说的“其出弥远，其知弥少”。只是历史演化至此，固定僵化局面渐成，何时能够突破化解，或许只能有待将来。

李培刚

上篇

王茂斋传太极功谱

太極拳總綱目

宋氏家傳源流支派論

太極拳式名目

八字歌

三十七心會論

三十七周身大用論

十六關要論

功用歌

俞蓮舟得授全體

授秘歌

太極別名十三式

程先生小九天法式

觀經悟會法

用功五誌

四性歸源歌

宋氏家傳太極功源流支派論　宋遠橋緒記

所爲後代學者不失其本也自余而上溯始得太極之功者授業於唐于歡子許宣平也至余爲十四代焉有斷者有繼者

許先師係江南徽州府歙縣人隱城陽山即本府城南紫陽山結簷南陽闢穀身長七尺六髯長至臍髮長至足行及奔馬每負薪賣於市中獨吟曰負薪朝出賣沽酒日夕歸借問家何處穿雲入翠微李白訪之不遇題詩望仙橋而回所傳太極拳功名三十七因三十七式而名之又名長拳者所謂滔滔無間也

總名太極拳三十七式名目書之於後

四正　四隅　雲手　彎弓射雁　揮琵琶　進搬攔　簸箕式　鳳凰展翅

雀起尾　單鞭　上提手　倒攆猴頭　摟膝拗步　肘下捶　轉身蹬腳

上步栽捶　斜飛式　雙鞭　翻身搬攔　玉女穿梭　七星八步　高探馬

單擺蓮　上跨虎　九宮步　攬雀尾　山通背　海底珍珠　彈指擺蓮

轉身指點捶　雙擺蓮　金鷄獨立　泰山生氣　野馬分鬃　如封似閉

左右分腳　挂樹踢腳　八方掌　推碾　一起腳　抱虎推山　十字擺蓮

此通共四十三手四正四隅九宮步七星八步雙鞭雙擺蓮在外因自己多坐用的功夫其餘三十七數是先師之所傳也此式應一式鍊成再鍊一式萬不可心急齊用三十七式卻無論何式先何式後只要一一將式用成自然三十七式皆化爲相連不斷矣故謂之曰長拳腳跐五行懷藏八卦腳之所在爲中央之土則可定乾南坤北離東坎西掤攦擠按四正也採挒搟撐四隅也

八字歌

掤捋擠按世間稀十個藝人十不知若能輕靈並堅硬沾連粘隨俱無疑採挒

掤攎更出奇行之不用費心思果能沾連粘隨意得其寰中不支離

三十七心會論

腰脊爲第一之主宰　猴頭爲第二之主宰

心地爲第三之主宰　丹田爲第一之賓輔

掌指爲第二之賓輔　足掌爲第三之賓輔

三十七周身大用論

一要心性與意靜自然無處不輕靈二要遍體氣流行一定繼續不能停三要猴頭永不抛問盡天下衆英豪如詢大用緣何用表裏精粗無不到

十六關要論

活潑於腰　靈機於頂　神通於背　不使氣流行於氣

行之於腿　蹬之於足　運之於掌　足之於指
斂之於髓　達之於神　凝之於耳　息之於鼻
呼吸往來於口　縱之於膝　渾噩一身　全體發之於毛

功用歌

輕靈活潑求懂勁陰陽既濟無滯病若想四兩撥千斤開合鼓蕩主宰定

俞家江南寧國府涇縣人太極功名曰先天拳亦曰長拳得唐李道子所傳道子係江南安慶人至宋時與游酢莫逆至明時李道子常居武當山南岩宮不火食第啖麥麩數合故又名夫子李也見人不及他語惟云大造化三字既云唐人何以知之明時之夫子李即是李道子先師也緣余上祖游江南涇縣俞

家方知先天拳亦如余家之三十七式太極之別名也而又知俞家是唐時李道子所傳也俞家代代相承之功每歲往拜李道子廬至宋時尚在也越代不知李道子所往也

至明時余同俞蓮舟遊湖廣襄陽府均州武當山夫子李見之叫曰徒再孫焉往蓮舟抬頭一看斯人面垢正厚髮長至地味臭蓮舟心怒曰爾言之太過也吾觀汝一掌必死耳去罷夫子云徒再孫我看看你這手蓮舟上前掤連捶未依身則起十丈許落下未折壞筋骨蓮舟曰你總用過功夫不然能制我者鮮矣夫子李曰你與俞清慧俞一誠認識否蓮舟聞之悚然皆余上祖之名也急跪曰原來是我之先祖師至也夫子李曰我在此幾十韶光未語今見你誠哉大造化也授你如此如此蓮舟自此不但無敵而後亦得全體大用矣

余與俞蓮舟俞岱岩張松溪張翠山殷利亨莫谷聲久相往來金陵之境夫子

李先師授俞蓮舟秘歌云

無形無象　全身透空　應物自然　西山懸磬　虎吼猿鳴　水清河靜

翻江播海　盡性立命

此歌余七人皆知其句後余七人同往拜武當山夫子李不見道經玉虛宮在太和山元高之地見玉虛子張三丰也張松溪張翠山師也　身長七尺有餘鬚美如戟寒暑爲箬笠日能行千里自洪武初至太和山修煉余七人共拜之耳提面命月余後歸自此不絕往拜　玉虛子所傳惟張松溪張翠山拳名十三式亦太極功別名也　又名長拳十三式名目並論説列於後

程靈洗字元滌江南徽州府休寧人授業韓拱月太極之功成大用矣侯景之亂惟歙州保全皆靈洗力也梁元帝授以本郡太守卒謚忠壯至程珌爲紹熙中進士授昌化主簿累官權吏部尙書拜翰林學士立朝剛正風裁凜然進封新安郡侯以端明殿學士致仕卒珌居家常平糴以濟人凡有利衆者必盡心焉所著有落水集珌將太極拳功立一名爲小九天雖珌之遺名小九天書韓傳者不敢忘先師之授也

小九天法式

七星八步　開天門　什錦背　提手　臥虎跳澗　單鞭　射雁　穿梭

白鶴升空　大擋捶　小擋捶　葉裏花　猴頂雲　攬雀尾　八方掌

觀經悟會法

太極者非純工於易經不能得也以易經一書必須朝夕悟在心內會在身中

超以象外得其寰中人所不知而獨知之妙若非得師一點心法之傳如何能致我手之舞之樂在其中矣

用功五誌

博學 是多功夫　審問 不是口問是聽勁　慎思 聽而後留心相念

明辨 生生不已　篤行 如天行健

四性歸原歌

世人不知己之性何能得知人之性物性亦如人之性至於天地亦此性我賴天地以存身天地賴我以緻局若能先求知我性天地受我偏獨靈

後天法之緣起

胡鏡子在揚州自稱之名不知姓氏乃宋仲殊師也仲殊安州人嘗遊姑蘇台柱上倒書一絶云天長地久任悠悠你既無心我亦休浪迹天涯人不管春風吹笛酒家樓仲殊所傳殷利亨太極拳名曰後天法亦是捌擺擠按採挒捌撬也然而式法名目不同其功用則一如一家分居各有所爲也然而根本非兩事也

後天法目

陽捌　陰捌　遮陰捌　晾陽捌　捌裏槍　肘開花　八方捶　陰五掌

陽五掌　單鞭捌　雙鞭捌　臥虎捌　雲飛捌　研磨捌　山通捌

兩膝捌　一膝捌

以上乃太極功各家名目因余身臨其境並得良友往來相助皆非作技藝觀者人也一家人恐其久而差也故筆之於書以授後人玩索而有得焉則終身用之有不能盡者矣其餘太極再有別名目拳法惟太極則不能兩說也若太極說有不同斷乎不一家也卻無論功夫高低上下一家人並無兩家話也自上之先師而上溯其根源東方先生再上而溯始孟子當列國紛紛固將立命之功所謂 養我浩然之氣塞於天地之間欲大成者則化功也小成者武事也立命之道非氣體之充胡能也由立命以盡性至於窮神達化自天子至於庶人何莫非誠意正心修身始也書及後世萬不可輕洩傳人若謂不傳人當年先祖師何以傳至余家也卻無論親朋遠近所傳者賢也遵先師之命不敢妄傳後輩如傳人之時必須想余緒記之心血與先師之訓誨可也

此書十不傳

一不傳外敎　二不傳無德　三不傳不知師弟之道者　四不傳守不住者　五不傳半途而廢者　六不傳得寶忘師者　七不傳無納履之心者　八不傳好怒好慍者　九不傳外欲太多者　十不傳匪事多端者

此書有四忌

忌飲過量之酒　忌當色者夫婦之道要將有別字認清　忌無義之財　忌動不合中之氣一飲一啄在内

用功三小忌

吃食多　水飲多　睡時多

四刀十三式

騰挪閃展　左顧右盼　白鶴亮翅　推窗望月　玉女穿梭

上三開　轉身踢腳　打虎二起腳　斜身踢腳　蹲身飛腳

順水推舟　下雙鞭　臥虎跳澗

目録

太極輕重浮沉解

大極四隅解

太極平準腰頂解

太極四時五氣解圖

太極血氣根本解

太極力氣解

大極尺寸分毫解

太極膜脉筋穴解

太極字字解

大極節拿抓閉尺寸分毫辨

太極補瀉氣力解

八門五步

掤南　握西　擠東　按北　採西北　挒東南　肘東北　靠西南　方位

坎　離　兌　震　巽　乾　坤　艮　八門

方位八門乃爲陰陽顛倒之理周而復始隨其所行也總之四正四隅不可不知矣夫掤握擠按是四正之手採挒肘靠是四隅之手合隅正之手得門位之卦以身分步五行在意　支撑八面五行者進步火退步水左顧木右盼金定之方中土也夫進退爲水火之步顧盼爲金木之步以中土爲樞機之軸　懷藏八卦腳跐五行手步八五其數十三出於自然十三勢也名之曰八門五步

八門五步用功法

八卦五行是人生成固有之良必先明知覺運動四字之本由知覺運動得之後而後方能懂勁由懂勁後自能接及神明然用功之初　要知知覺運動雖

固有之良亦甚難得之於我也

固有分明法

蓋人降生之初目能視耳能聽鼻能聞口能食顏色聲音 香臭五味皆天然知覺固有之良其手舞足蹈於四肢之能皆天然運動之良思及此是人孰無因人性近習遠失迷固有要想還我固有非乃武無以尋運動之根由非乃文無以得知覺之本原是乃運動而知覺也夫運而知動而知不運不覺不動不知運極則爲動覺盛則爲知動知者易運覺者難先求自己知覺運動得之於身自能知人要先求知人恐失於自己不可不知此理也夫而後懂勁然也

粘黏連隨

粘者提上拔高之謂也　黏者留戀繾綣之謂也

連者舍己無離之謂也　隨者彼走此應之謂也

要知人之知覺運動非明粘黏連隨不可斯粘黏連隨之功夫亦甚細矣

頂匾丢抗

頂者出頭之謂也　匾者不及之謂也

丢者離開之謂也　抗者太過之謂也

要知于此四字之病不但粘黏連隨斷不明知覺運動也初學對手不可不知也更不可不去此病所難者粘黏連隨而不許頂匾丢抗是所不易矣

對待無病

頂匾丢抗失於對待也所以爲之病者既失粘黏連隨何以獲知覺運動既不知己焉能知人所謂對待者不以頂匾丢抗相對於人也要以粘黏連隨等待於人也能如是不但無對待之病知覺運動自然得矣可以進於懂勁之功矣

對待用功法守中土 俗名站樁

定之方中足有根先明四正進退身掤握擠按自四手須費功夫得其眞身形腰頂皆可以粘黏連隨意氣均運動知覺來相應神是君位骨肉臣分明火候七十二天然乃武並乃文

身形腰頂

身形腰頂豈可無缺一何必費工夫腰頂窮研生不已身形順我自伸舒舍此眞理終何極十年數載亦糊塗

太極圈

退圈容易進圈難不離腰頂後與前所難中土不離位退易進難仔細研此爲動功非站定倚身進退並比肩能如水磨摧急緩雲龍風虎象周旋要用天盤從此覓久而久之出天然

太極進退不已功

掤進攦退自然理陰陽水火相旣濟先知四手得來眞採挒搚撐方可許四隅從此演出來十三勢架永無已所以因之名長拳任君開展與收斂千萬不可離太極

太極上下名天地

四手上下分天地採挒搚撐由有去採天撐地相應求何患上下不旣濟若使挒搚習遠離迷了乾坤遺歎惜此說亦明天地盤進用搚挒歸人字

太極人盤八字歌

八卦正隅八字歌十三之數不幾何幾何若是無平準丢了腰頂氣歎哦不斷要言只兩字君臣骨肉細琢磨功夫內外均不斷對待數兒豈錯他對待於人出自然由茲往復於地天但求舍己無深病上下進退永連綿

太極體用解

理爲精氣神之體精氣神爲身之體身爲心之用勁力爲身之用心身有一定之主宰者理也精氣神有一定之主宰者意誠也誠者天道誠之者人道俱不外意念須臾之間要知天人同體之理自得日月流行之氣其氣意之流行精神自隱微乎理矣夫而後言乃武乃文乃聖乃神則得矣若特以武事論之於心身用之於勁力仍歸於道之本也故不得獨以末技云爾

勁由於筋力由於骨如以持物論之有力能執數百斤是骨節皮毛之外操也故有硬力如以全體之有勁似不能持幾斤是精氣之內壯也雖然若是功成後猶有妙出於硬力者修身體育之道有然也

太極文武解

文者體也武者用也文功在武用於精氣神也爲之體育武功得文體於心身也爲之武事夫文武尤有火候之謂在放卷得其時中體育之本也文武使於對待之際在蓄發當其可者武事之根也故云武事文爲柔軟體操也精氣神之筋勁武事武用剛硬武事也心身之骨力也文無武之豫備爲之有體無用武無文之侶伴爲之有用無體如獨木難支孤掌不響不惟體育武事之功事事諸如此理也文者內理也武者外數也有外數無文理必爲血氣之勇失於本來面目欺敵必敗爾有文理無外數徒思安靜之學未知用的採戰差微則亡耳自用於人文武二字之解豈可不解哉

太極懂勁解

自己懂勁接及神明爲之文成而後採戰身中之陰七十有二無時不然陽得其陰水火既濟乾坤交泰性命葆眞矣於人懂勁視聽之際遇而變化自得曲誠之妙形著明於不勞運動覺知也功至此可爲攸往咸宜無須有心之運用耳

八五十三勢長拳解

自己用功一勢一式用成之後合之爲長滔滔不斷周而復始所以名長拳也萬不得有一定之架子恐日久入於滑拳也又恐入於硬拳也決不可失其綿軟周身往復精神意氣之本用久自然貫通無往不至何堅不摧也於人對待四手當先亦自八門五步而來跕四手四手碾磨進退四手中四手上下四手

三才四手由下乘長拳四手起大開大展煉至緊湊屈伸自由之功則升之中上乘矣

太極陰陽顛倒解

陽乾天日火離放出發對開臣肉用氣身武立命方呼上進隅

陰坤地月水坎卷入蓄待合君骨體理心文盡性圓吸下退正

蓋顛倒之理水火二字詳之則可明如火炎上水潤下者水能使火在下而用水在上則爲顛倒然非有法治之則不得矣辟如水入鼎内而治火之上鼎中之水得火以然之不但水不能下潤藉火氣水必有溫時火雖炎上得鼎以隔之是爲有極之地不使炎上炎火無止息亦不使潤下之水永滲漏此所爲水火既濟之理也顛倒之理也若使任其火炎上水潤下必至水火必分爲二則爲水火未濟也故云分而爲二合之爲一之理也故云一而二二而一總斯理

爲三天地人也明此陰陽顛倒之理則可與言道知道不可須臾離則可與言人能以人弘道知道不遠人則可與言天地同體上天下地人在其中矣苟能參天察地與日月合其明與五嶽四瀆華朽與四時之錯行與草木並枯榮明鬼神之吉兇知人事興衰則可言乾坤爲一大天地人爲一小天地也夫如人之身心致知格物於天地之知能則可言人之良知良能若思不失固有其功用浩然正氣直養無害悠久無疆矣所謂人身生成一小天地者天也性也地也命也人也虛靈也神也若不明之者烏能配天地爲三乎然非盡性立命窮神達化之功胡爲乎來哉

人身太極解

人之周身心爲一身之主宰主宰太極也二目爲日月即兩儀也頭像天足像地人中之人及中脘合之爲三才也四肢四象也腎水心火肝木肺金脾土皆

屬陰膀胱水小腸火胆木大腸金胃土皆陽也兹爲內也顱丁火地閣承漿水左耳金右耳木兩命門也兹爲外也神出於心目眼爲心之苗精出於腎腦腎爲精之本氣出於肺胆氣爲肺之原視思明心動神流也聽思聰腦動腎滑也鼻之息香臭口之呼吸出入水鹹木酸土辣火苦金甜及言語聲音木亮火焦金潤土埆水漂鼻息口吸呼之味皆氣之往來肺之門户肝胆巽震之風雷發之聲音出入五味此言口目鼻舌神意使之六合以破六欲也此內也手足肩膝肘胯亦使六合以正六道也此外也眼耳鼻口大小便肚臍外七竅也喜怒憂思悲恐驚內七情也七情皆以心爲主喜心怒肝憂脾悲肺恐腎驚胆思小腸怕膀胱愁胃慮大腸此內也夫離南正午火心經坎北正子水腎經震東正卯木肝經兌西正酉金肺經乾西北隅金大腸化水坤西南隅土脾化土巽東南隅胆木化土艮東北隅胃土化火此內八卦也外八卦者二四爲肩六八

爲足上九下一左三右七也坎一坤二震三巽四中五乾六兑七艮八離九此九宫也内九宫亦如此表裏者乙肝左肋化金通肺甲胆化土通脾丁心化木中胆通肝丙小腸化水通腎己脾化土通胃戊胃化火通心後背前胸山澤通氣辛肺右肋化水通腎庚大腸化金通肺癸腎下部化火通心壬膀胱化木通肝此十天干之内外也十二地支亦如此之内外也明斯理則可與言修身之道矣

太極分文武三成解

蓋言道者非自修身無由得成也然又分爲三乘之修法乘者成也上乘即大成也下乘即小成也中乘即誠之者成也法分三修成功一也文修於内武修於外體育内也武事外也其修法内外表裏成功集大成即上乘也由體育之文而得武事之武或由武事之武而得體育之文即中乘也然獨知體育不入

武事而成者或專武事不爲體育而成者即小成也

太極下乘武事解

太極之武事外操柔軟內含堅剛而求柔軟柔軟之於外久而久之自得內之堅剛非有心之堅剛寔有心之柔軟也所難者內要含蓄堅剛而不施外終柔軟而迎敵以柔軟而應堅剛使堅剛盡化無有矣其功何以得乎要非粘黏連隨已成自得運動知覺方爲懂勁而後神而明之化境極矣夫四兩撥千斤之妙功不及化境將何以能是所謂懂粘運得其視聽輕靈之巧耳

太極正功解

太極者元也無論內外上下左右不離此元也太極者方也無論內外上下左右不離此方也元之出入方之進退隨方就元之往來也方爲開展元爲緊湊

方元規矩之至其就能出此以外哉如此得心應手仰高鑽堅神乎其神見隱顯微明而且明生生不已欲罷不能

太極輕重浮沉解

雙重爲病干於塡寔與沉不同也雙沉不爲病自爾騰虛與重不易也雙浮爲病祗如漂渺與輕不例也雙輕不爲病天然清靈與浮不等也半輕半重不爲病偏輕偏重爲病半者半有著落也所以不爲病偏者偏無著落也所以爲病偏無著落必失方圓半有著落豈出方圓半浮半沉爲病失於不及也偏浮偏沉失於太過也半重偏重滯而不正也半輕偏輕靈而不圓也半沉偏沉虛而不正也半浮偏浮茫而不圓也夫雙輕不近於浮則爲輕靈雙沉不近於重則爲離虛故曰上手輕重半有著落則爲平手除此三者之外皆爲病手蓋內之虛靈不昧能致於外氣之清明流行乎肢體也若不窮研輕重浮沉之手

徒勞掘井不及泉之歎耳然有方圓四正之手表裏精粗無不到則已極大成又何云四隅出方圓矣所謂方而圓圓而方超乎象外得其寰中之上手也

太極四隅解

四正即四方也所謂掤握擠按也初不知方能使圓方圓復始之理無已焉能出隅之手矣緣人外之肢體內之神氣弗縡輕靈方圓四正之功始出輕重浮沉之病則有隅矣辟如半重偏重滯而不正自然爲採挒肘靠之隅手或雙重填寔亦出隅手也病多之手不得已以隅手扶之而歸圓中方正之手雖然至底者肘靠亦及此以補其所以云爾春後功夫能致上乘者亦須獲採挒而仍歸大中至正矣是四隅之所用者因失體而補缺云云

太極平準腰頂解

頂如準故云頂頭懸也兩手即平左右之盤也腰即平之根株也立如平準所謂輕重浮沉分厘絲毫則偏顯然矣有準頂頭懸腰之根下株尾閭至囟門也上下一條線全憑兩平轉變換取分毫尺寸自己辨車輪兩命門一纛搖又轉心令氣旗使自然隨我便滿身輕利者金剛羅漢煉對待有往來是早或是晚合則放發去不必凌霄箭涵養有多少一氣哈而遠口授須秘傳開門見中天

太極四時五氣解圖

夏火呵南

春木噓東

秋金呬西

北吹水冬

呼吸

土中央

太極血氣根本解

血爲營氣爲衛血流行於肉膜胳氣流行於骨筋脉筋甲爲骨之餘髮毛爲血之餘血旺則髮毛盛氣足則筋甲壯故血氣之勇力出於骨皮毛之外壯氣血之體用出於肉筋甲之內壯氣以血之盈虛血以氣之消長消長盈虛周而復始終身用之不能盡者矣

太極力氣解

氣走於膜胳筋脉力出於血肉皮骨故有力者皆外壯於皮骨形也有氣者是內壯於筋脉象也氣血功於內壯血氣功於外壯要之明於氣血二字之功能自知力氣之由來矣知氣力之所以然自能用力行氣之分別行氣於筋脉用力於皮骨大不相侔也

太極尺寸分毫解

功夫先煉開展後煉緊湊開展成而得之纔講緊湊緊湊得成纔講尺寸分毫由尺住之功成而後能寸住分住毫住此所謂尺寸分毫之理也明矣然尺必十寸寸必十分分必十毫其數在焉故云對待者數也知其數則能得尺寸分毫也要知其數非秘授而能量之者哉

太極膜脉筋穴解

節膜拿脉抓筋閉穴此四功由尺寸分毫得之後而求之膜若節之血不周流脉若拿之氣難行走筋若抓之身無主地穴若閉之神昏氣暗抓膜節之半死申脉拿之似亡單筋抓之勁斷死穴閉之無生揔之氣血精神若無身何有主也如能節拿抓閉之功非得點傳不可

太極字字解

挫揉捶打於己於人按摩推拿於己於人開合升降於己於人此十二字皆用手也屈伸動靜於己於人起落緩急於己於人閃還撩了於己於人此十二字於己氣也於人手也轉換進退於己身人步也顧盼前後於己目人手也即瞻前眇後左顧右盼也此八字關乎神矣斷接俯仰此四字關乎意勁也接關乎神氣也俯仰關乎手足也勁斷意不斷意斷神可接勁意神俱斷則俯仰矣手足無著落耳俯爲一叩仰爲一反而已矣不使叩反非斷而復接不可對待之字以俯仰爲重時刻在心身手足不使斷之無接則不能俯仰也求其斷接之能非見隱顯微不可隱微似斷而未斷見顯似接而未接接接斷斷斷斷接接其意心身體神氣極於隱顯又何慮不粘黏連隨哉

太極節拿抓閉尺寸分毫辨

對待之功既得尺寸分毫於手則可量之矣然不論節拿抓閉之手易若節膜拿脉抓筋閉穴則難非自尺寸分毫量之不可得也節不量由按而得膜拿不量由摩而得脉抓不量由推而得拿閉非量而不能得穴由尺盈而縮之寸分毫也此四者雖有高授然非自己功夫久者無能貫通焉

太極補瀉氣力解

補瀉氣力於自己難補瀉氣力於人亦難補自己者知覺功虧則補運動功過則瀉所以求諸己不易也補於人者氣過則補之力過則瀉之此勝彼敗所由然也氣過或瀉力過或補其理雖一然其有詳夫過補爲之過上加過遇瀉爲之緩他不及他必更過仍加過也補氣瀉力於人之法均爲加過於人矣補氣名曰結氣法瀉力名曰空力法

太極空結挫揉論

有挫空挫結揉空揉結之辨挫空者則力隅矣挫結者則氣斷矣揉空者則力分矣揉結者則氣隅矣若結揉挫則氣力反空揉挫則力氣敗結挫揉則力盛於氣力在氣上矣空挫揉則氣盛於力氣過力不及矣挫結揉揉結挫皆氣閉於力矣挫空揉揉空挫皆力鑿於氣矣總之挫結揉空之法亦必由尺寸分毫量能如是也不然無地之挫揉平虛之靈結亦何由致於哉

懂勁先後論

夫未懂勁之先長出頂匾丟抗之病既懂勁之後恐出斷接俯仰之病然未懂勁故然病亦出勁既懂何以出病乎緣勁似懂未懂之際正在兩可斷接無準矣故出病神明及猶不及俯仰無著矣亦出病若不出斷接俯仰之病非眞懂勁弗能不出也胡爲眞懂因視聽無由未得其確也知瞻眇顧盼之視覺起落

緩急之聽知閃還撩了之運覺轉換進退之動則爲眞懂勁則能接及神明及神明自攸往有由矣有由者由於懂勁自得屈伸動靜之妙有屈伸動靜之妙開合升降又有由矣由屈伸動靜見入則開遇出則合看來則降就去則升夫而後纔爲眞及神明也明也豈可日後不愼行坐臥走飲食溺溷之功是所爲及中成大成也哉

尺寸分毫在懂勁後論

在懂勁先求尺寸分毫爲之小成不過末技武事而已所謂能尺於人者非先懂勁也如懂勁後神而明之自然能量尺寸尺寸能量纔能節拿抓閉矣知膜脉筋穴之理要必明存亡之手知存亡之手要必明生死之穴其穴之數安可不知乎知生死之穴數烏可不明閉而不生乎烏可不明閉而無生乎是所謂二字之存亡一閉之而已盡矣

太極指掌捶手解

自指下之腕上裏者爲掌五指之首爲之手五指皆爲指五指權裏其背爲捶如其用者按推掌也拿揉抓閉俱用指也挫摩手也打捶也夫捶有搬攔有指襠有肘底有撇身四捶之外有覆捶掌有摟膝有換轉有單鞭有通背四掌之外有串掌手有雲手有提手有滾手有十字手四手之外有反手指有屈指有伸指有捏指有閉指四指之外有量指又名尺寸指又名覓穴指然指有五指有五指之用首指爲手仍爲指故又名手指其一用之爲旋指旋手其二用之爲提指提手其三用之爲弓指弓手其四用之爲中合手指四手指之外爲獨手獨指也食指爲卞指爲劍指爲佐指爲粘指中正爲心指爲合指爲鈎指爲抹指無名指爲全指爲環指爲代指爲扣指小指爲幫指補指媢指挂指若此之名知之易而用之難得口訣秘法亦不易爲也其次有如對掌推山

掌射雁掌晾翅掌似閉指拗步指灣弓指穿梭指探馬手灣弓手抱虎手玉女手跨虎手通山捶葉下捶背反捶勢分捶卷挫捶再其次步隨身換不出五行則無失錯矣因其粘連黏隨之理舍己從人身隨步自換只要無五行之舛錯身形腳勢出於自然又何慮此須之病也

口授穴之存亡論

穴有存亡之穴要非口授不可何也一因其難學二因其關乎存亡三因其人纔能傳第一不授不忠不孝之人第二不傳根柢不好之人第三不授心術不正之人第四不傳鹵莽滅裂之人第五不授目中無人之人第六不傳知禮無恩之人第七不授反復無常之人第八不傳得易失易之人此須知八不傳匪人更不待言矣如其可以傳再口授之秘訣傳忠孝知恩者心氣和平者守道不失者眞以爲師者始終如一者此五者果其有始有終不變如一方可將全

體大用之功授之於徒也明矣於前於後代代相繼皆如是之所傳也噫抑亦知武事中烏有匪人哉

張三丰承留

天地即乾坤伏羲爲人祖畫卦道有名堯舜十六母微危允厥中精一及孔孟神化性命功七二乃文武授之至予來字著宣平許延年藥在身元善從復始虛靈能德明理令氣形具萬載咏長春心兮誠眞迹三敎無兩家統言皆太極浩然塞而冲方正千年立繼往聖永綿開來學常續水火旣濟焉願至戌畢字

口授張三丰老師之言

予知三敎歸一之理皆性命學也皆以心爲身之主也保全心身永有精氣神也有精氣神纔能文思安安武備動動乃文乃武大而化之者聖神也先覺者

得其寰中超乎象外矣後學者以效先覺之所知能其知能雖人固有之知能然非效之不可得也夫人之知能天然文武目視耳聽天然文也手舞足蹈天然武也孰非固有也明矣前輩大成文武聖神授人以體育修身進之不以武事修身傳之至予得之手舞足蹈之採戰借其身之陰以補助身之陽身之陽男也身之陰女也然皆於身中矣男之身衹一陽男全體皆陰女以一陽採戰全體之陰女故云一陽復始斯身之陰女不獨七二以一姹女配嬰兒之名變化千萬姹女採戰之可也亦安有男女後天之身以補之者所謂自身之天地以扶助之是爲陰陽採戰也如此者是男子之身皆屬陰而採自身之陰戰己身之女不如兩男之陰陽對待修身速也予及此傳於武事然不可以末技視依然體育之學修身之道性命之功神聖之境也今夫兩男對待採戰於己身之採戰其理不二己身亦遇對待之數則爲採戰也是爲汞鉛也於人

對戰坎離之陰陽兑震陽戰陰也爲之四正乾坤之陰陽艮巽陰採陽也爲之四隅此八卦也爲之八門身足位列中土進步之陽以戰之退步之陰以採之左顧之陽以採之右盼之陰以戰之此五行也爲之五步共爲八門五步也夫如是予授之爾終身用之不能盡之矣又至予得武繼武必當以武事傳之而修身也修身入首無論武事文爲成功一也三教三乘之原不出一太極願後學以易理格致於身中留於後世可也

張三丰以武事得道論

蓋未有天地先有理理爲氣之陰陽主宰主宰理以有天地道在其中陰陽氣道之流行則爲對待對待者陰陽也數也一陰一陽之爲道道無名天地始道有名萬物母未有天地之前無極也無名也既有天地之後有極也有名也然前天地者曰理後天地者曰母是乃理化先天陰陽氣數母生後天胎卵濕化

位天地育萬物道中和然也故乾坤爲大父母先天也爹娘爲小父母後天也得陰陽先後天之氣以降生身則爲人之初也夫人身之來者得大父母之命性賦理得小父母之精血形骸合先後天之身命我得而成人也以配天地爲三才安可失性之本哉然能率性則本不失既不失本來面目又安可失身體之去處哉夫欲尋去處先知來處來有門去有路良有以也然有何以之以之固有之知能無論知愚賢否固有知能皆可以之進道既能修道可知來處之源必能去處之委來源去委既知能必明身不修故曰自天子至於庶人壹是皆以修身爲本夫修身以何以之良知良能視目聽耳曰聰曰明手舞足蹈乃武乃文致知格物意誠心正心爲一身之主正意誠心以足蹈五行手舞八卦手足爲之四象用之殊途良能還原目視三合耳聽六道目耳亦是四形體之一表良知歸本耳目手足分而爲二皆爲兩儀合之爲一共爲太極此由外斂

人之於內亦自內發出之於外也能如是表裏精粗無不到豁然貫通希賢希聖之功自臻於曰睿曰智乃聖乃神所謂盡性立命窮神達化在茲矣然天道人道一誠而已矣

中篇

太極功同門錄

王君茂齋

序

義俠之行至中國武術家極矣挾其技以相角者一較而敗繼起報復者有人又敗則報者又繼之蓋愈敗而報者愈奮若手足之捍頭目親昆弟之相保愛問其所以則彼與彼同盟或爲同門而同門之情尤摯一夫被撓群焉爲奇耻大辱最後而其師親問罪虧故老聚談作下酒物聽者駭然聳然勃然忿然終乃快然憮然若目擊其事重其俠慕其義者太極拳同門録之列其義俠之表著者乎夫中國武術宗派不同太極拳乃派之一耳吾願肄武術者合諸派爲一録相親相愛如同氣裂冠毁冕者合群力以除之弭内亂御外侮功名赫赫詎有限量則斯録之刋吾國强之嚆矢也夫己巳孟秋何純舒序於北平官廨

序

吾國拳術一道由來甚古詩有無拳無勇之詞管子有有拳勇股肱之力秀出於衆者則以告之語是拳勇之見諸經傳子部者至發源於何時則不得其詳亦未識與今之拳術優劣何似今之拳術約出於唐宋間分武當少林二派率傳習於僧衆間授之外人焉武當一派純以氣爲主以靜制動以柔制剛犯者輒仆所謂內家拳也今之太極拳是縱橫變化神妙無端渾然爲一氣之涵習之精可通神明使敵無間可入誠深合於太極之義矣昔之最精斯技者首推張三丰習太極拳者靡能企及自是而後今有聞人吾國絕技賴以不墜王君茂齋者今之振奇人也精斯技得廣平楊班侯先生之高弟全君保亭之眞傳先生固直造張三丰之室者也王君天性醇篤重然諾有古俠士風年逾六十而精神煥發少年多不及是不惟擅技擊

之長且深合延年養生之道矣君懷絶技殊不自秘有請益者無不悉心相授以期國技之日昌列門墻稱弟子者不下數十人聲應氣求于是有同門録之輯亦聯情感便切磋也輯録阮成天津劉君璧人屬予爲之叙劉君亦醰于斯技復方請益於王君者予媿於斯道費然無所喻而固知太極拳術乃吾國絶技爲用至宏蓋非日本之角撲柔術歐美之擊劍決鬬徒以力勝者所能望其項背是所謂合於道者矣深望諸君發揮而光大之使人人具健兒身手強種強國端賴於斯庶不負王君陶成之意也夫是爲序

中華民國十有八年二月古皖鍾鵬年識於舊都

序

夫國之強也以民族強弱爲轉移而民族之強弱又端賴人民之健強否於是武術健身之法尚焉中國立國最古擊技之術源流最遠拳術爲強身之良法而派別甚夥太極八卦通臂彈腿少林形意比比皆是而求却病延年以柔克剛者又非太極拳術莫屬遙溯太極拳術自張三丰先生以降名師輩出至今衣被天下教化寰宇門徒之衆爲各家冠不有同學之録則易流於散漫日後相遇不相識反形太極門之弱故積極有同學録之舉考同學録之法蓋源於科舉時代之同門録披天下各郡之士同取於一科者本未謀面且未相識猶復有同門録之舉而太極拳術同出一系同習一術不有同學録何以彰之是太極門同學録之不可不作者也今既有此盛事足昭同門之大名二足示外人以吾門之盛安可不記之哉是爲序戊辰正月二十五日金受申拜序

序

己巳歲春間同門兄彭仁軒召我謂擬將同門兄弟以及所宗師之長者姓名籍貫一切付諸石印名同學録猶昔之所謂宗譜而此不過不及遠求祇講近技俾免失謬而已且借是以序長幼而不致同門相失也毓璋聞之深以爲然夫武當内家之學其始也不過能壯身健骨其極也固足以階及神明得其妙用壽人壽世明代以還世多傳者自祖師張三丰傳王宗岳以後逮及滿清有楊六先生露禪獨得全體先生之子鈺「班侯」鑑「建侯」克振箕裘能述其事當是時王公工賈景慕從之學而成名者不知凡幾先師祖全公佑班侯先生之高足而受藝於六先生較多技之精妙不可名狀是由於楊氏之學有所本也比及全公之子吳鑑泉夫子之徒王茂齋師伯郭松亭師叔各有所得皆名世上現大江南北知吾夫子之名者莫不思一瞻采丰今遠游滬濱聲名尤振所學若無所根砥則何足以發揚光大而致此盛名哉仁軒之所以輯此録者亦可謂是保我宗系之要籍而聯情誼以相研

摩俾廣其學之指歸乎毓璋初學未聞妙旨筆墨所及言多無識進而教之幸甚幸甚

後學楊毓璋謹叙

序

吾國拳術之宗派繁多技亦各異在世界各國武術中佔有最優之地位如日本之角撲與柔術歐美之擊劍與決鬥亦何非健兒身手然較之吾國之拳術則不啻小巫見大巫矣緣吾國國術之能享有盛名者無論其爲任何宗派絕不類東西各國純恃氣力而爲擊技皆各具有操奇之術其術至精至偉變化萬端故學者非有慧心具毅力者不能得其三昧而尤以太極拳爲尤甚蓋太極拳術之特點爲鍊神入骨以柔克剛與其他拳術適成反比例故自唐張三丰祖師首傳此術以來已歷一千餘載迨至晚近而能益臻隆盛者足徵其有特殊之價値郭松翁亭與家君爲至友精于斯術先生嘗與王先生茂齋吳先生鑑泉同受業于吳先生之乃翁全先生保亭而保亭先生又與萬春凌山二君得廣平楊班侯先生之眞傳者也獨此一派至今爲最盛蓋茂齋先生磊落光明有俠者風故願受敎拜門墻者凡數十人今方有同門録之輯將以昭王吳郭三先生之誨人不倦也余則方進而受業於松亭先

生執弟子焉適躬逢盛事囑余爲序爰不揣固陋謹書數語於簡端此外凌山君之友紀子修先生亦嘗工太極拳術任學校教席數年頗負聲譽其從子吳君彥卿及趙君靜懷皆承其學彥卿先生爲余業師能文章復精技擊均爲致力於太極拳術者例得附書以示太極拳術中濟濟多才也

中華民國十八年一月十五日北平李翰章記于北海公園慶霄樓

太極拳經

武當山先師張三丰王宗岳留傳

太極拳論

太極者由無極而生陰陽之母也動之則分靜之則合無過不及隨曲就伸人剛我柔謂之走我順人背謂之粘動急則急應動緩則緩隨雖變化萬端而理爲一貫由著熟而漸悟懂勁由懂勁而階及神明然非用之久不能豁然貫通焉須領頂勁氣沉丹田不偏不倚忽隱忽現左重則左虛右重則右杳仰之則彌高俯之則彌深進之則愈長退之則愈促一羽不能加蠅蟲不能落人不知我我獨知人英雄所向無敵蓋皆由此而及也斯技旁門甚多雖勢有區別概不外乎壯欺弱慢讓快耳有力打無力手慢讓手快是皆先天自然之能非關學力而有爲也察四兩撥千斤之句

顯非力勝觀耄耋能禦衆之形快何能爲立如平準活似車輪偏沉則隨雙重則滯每見數年純功不能運化者率皆自爲人制雙重之病未悟耳欲避此病須知陰陽粘即是走走即是粘陰不離陽陽不離陰陰陽相濟方爲懂勁懂勁後愈練愈精默識揣摩漸至從心所欲本爲舍己從人多悮舍近求遠所爲謬之毫釐差之千里學者不可不詳辨焉是爲論

右係武當山張三丰老師遺論欲天下豪傑延年益壽不徒作技藝之末也

此論切要句句在心並無一字敷衍陪襯非有夙慧者不能悟也先師不肯妄傳非獨擇人亦恐枉費工夫（此二則疑王宗岳先生所注特低一格以別於本論）

太極拳十三勢名目

預備式　攬雀尾　單鞭　提手上勢
白鶴晾翅　摟膝拗步　手揮琵琶式　進步搬攔捶
如封似閉　抱虎歸山　十字手　攬雀尾
斜單鞭　肘底看捶　倒攆猴　斜飛式
提手上勢　白鶴晾翅　摟膝拗步　海底針
扇通背　撇身捶　卸步搬攔捶　攬雀尾
單鞭　雲手　單鞭　左高探馬
右分腳　右高探馬　左分腳　轉身蹬腳
摟膝拗步　進步栽捶　翻身撇身捶　二起腳
左右打虎式　披身踢腳　雙風貫耳　進步蹬腳

轉身蹬腳　上步搬攔捶　如封似閉　抱虎歸山
十字手　攬雀尾　斜單鞭　野馬分鬃
玉女穿梭　攬雀尾　單鞭　雲手
下勢　金鷄獨立　倒攆猴　斜飛式
提手上勢　白鶴晾翅　摟膝拗步　海底針
扇通背　撇身捶　進步搬攔捶　攬雀尾
單鞭　雲手　高探馬撲面掌　十字擺蓮
摟膝指襠捶　上步攬雀尾　單鞭　下勢
上步騎鯨　退步跨虎　轉身擺蓮　彎弓射虎
合太極

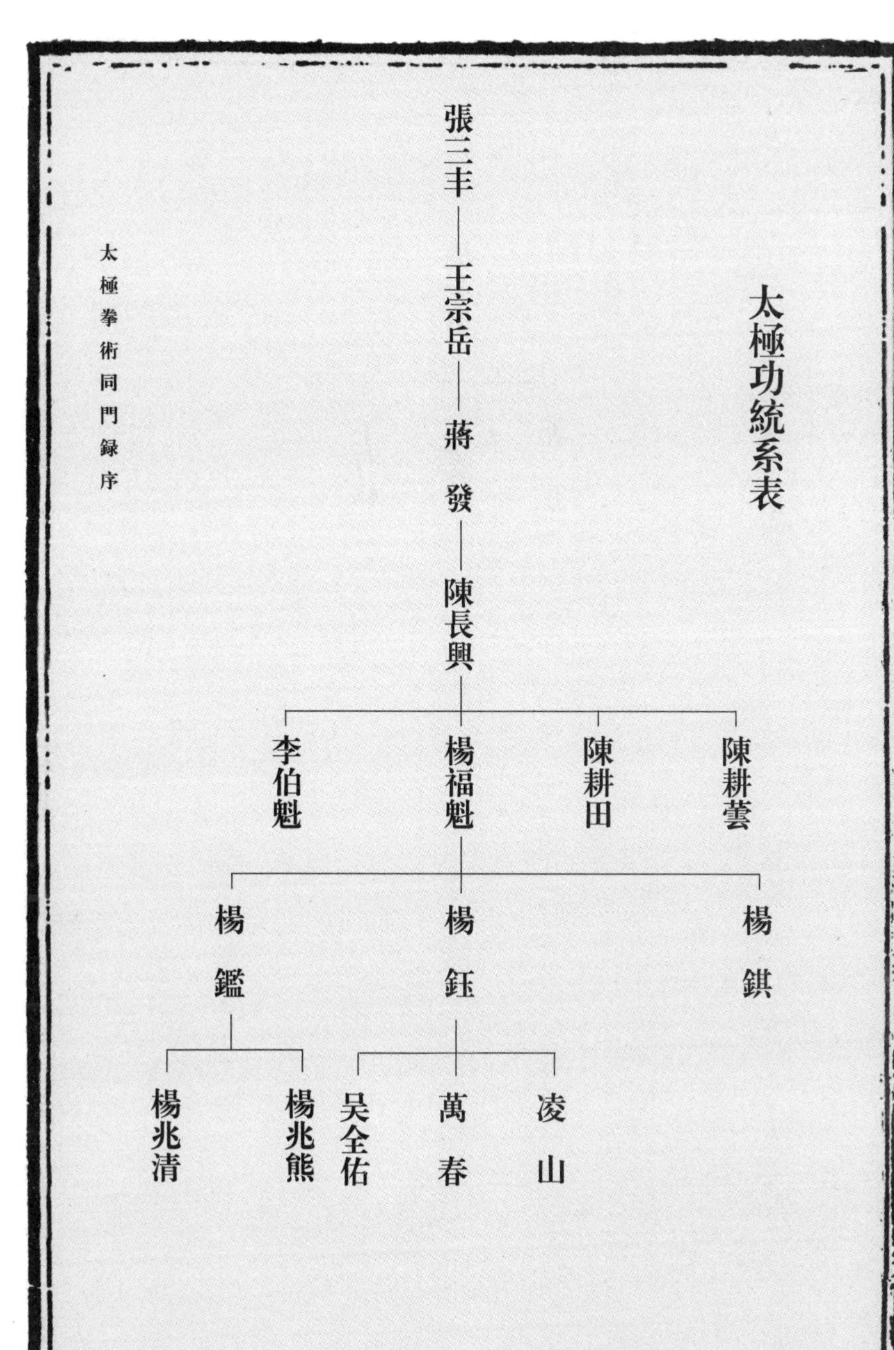
太極功統系表
太極拳術同門録序
張三丰
王宗岳
蔣發
陳長興
陳耕雲
陳耕田
楊福魁
李伯魁
楊錤
楊鈺
楊鑑
凌山
萬春
吴全佑
楊兆熊
楊兆清

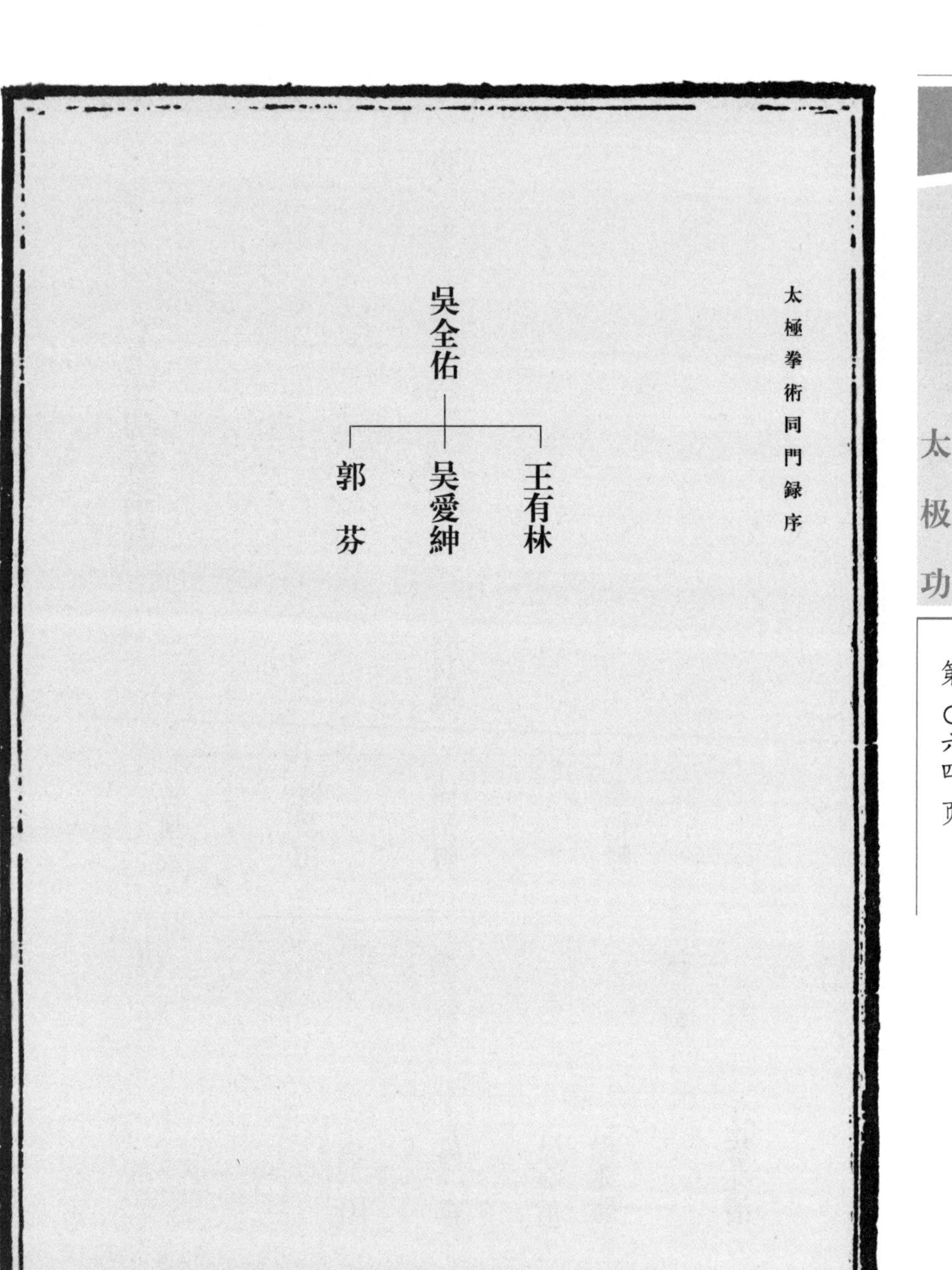
吴全佑
王有林
吴愛紳
郭芬

王有林

張廣吉　楊瑞林　毛庚起　鍾　森　章長山　唐仲賢　劉玉海
王　傑　胡萬祥　段錫震　楊慶梁　劉　琪　吳道晉　于崇有
王　倜　朱家茂　彭順義　孫恩濤　關柏祿　陸繼勛　關紹曾
趙崇佑　張文惠　王宗茂　郭廣裕　吳智斌　李魁綱　王希元
路其炳　李增華　邊普祥　張思慎　陳　宇　佟翰忱　張德祥
趙　超　李文傑　孫強新　童德奎　陰玉和　付國屏
汪恆秀　李永春　李延壽　龔雲門　葉子繆　朱崇義
周海山　刁志鳳　張毓桂　李桂鈞　李洪茂　李錫純
修丕勛　鄭培福　王步曾　蘇宗澤　舒　展　王樹堂
彭廣義　黃金鑑　吳在泮　劉芝周　韓乃炎　鄧少芝
朱家和　何錫佑　盛福濤　李桂巖　錢全辰　文朗卿
馬俊傑　孔憲墉　桑勝芳　蘇紹唐　關彥平　佟振深

吴愛紳

吴潤澤 東錫珍 趙文愷

吴潤沛 蘇學曾 劉鈞

柏錕 蘇景曾 金玉奇

趙惠福 孫國祥 胡紹梅

趙學安 孫國瑞 郝樹桐

趙曾善 魏元晉 鍾毓秀

吴榮培 吴鍾嶽 吴桐

吴奎芳 金慶海 楊毓璋

崔冠雲 何玉堂 段方

舒國曾 周廣志 馬嵩岫

關慕烈 馬普安 任文清

東錫源 楊德山 葛永德

郭芬
郭鴻駿
金溥臣
李文祺
蘇得俊
張景浦
張景江

趙崇佑

馬崇沛　趙秉義　吳榮璋

賈光瑞　趙　禎　劉鴻如

付增耀　李福超　屈　潛

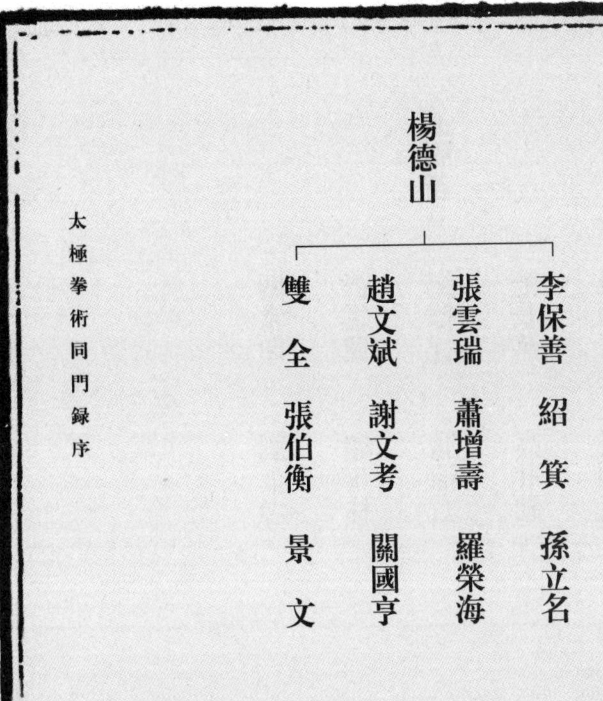
楊德山
李保善
紹箕
孫立名
張雲瑞
蕭增壽
羅榮海
趙文斌
謝文考
關國亨
雙全
張伯衡
景文

彭廣義

關常印　劉金壽
彭雲翼　續茂林
紀德祥　張淑貞
范長華　高壯勳
吳雨亭　姜炳奎

王傑

毛有豐　姚秉彦　尹敬執

張兆由　盛致仲　楊炳忠

王國棟　桂博蘭　李希庚

張毓秀　王有爲　王秀娟

吳潤澤——姚揆正

姓名	別號	年歲	籍貫	通信處
王有林	茂齋	六十六	山東掖縣	東四北同盛福 掖縣邑城東大武官村
吳愛紳	鑑泉	五十六	北平	崇外興隆街九十號
郭芬	松亭	五十六	北平	齊外王家園
常安	遠亭	五十八	北平	安內西水關
齊治平	格忱	四十九	山西汶水	齊外五爺海子一號
英傑臣	傑臣	五十二	北平	齊內小烟筒胡同

姓名	別號	年歲	籍貫	通信處
楊德山	輔仁	六十五	北平	西城宮門口五條
李增華	滋益	五十六	山西定襄	齊內小碑房胡同四號
桂蔭良	仲三	五十一	安徽	東四北八條
張萬秋		四十九	山左掖縣	
趙崇佑	啓庭	四十七	北平	齊內南小街一五一號
王步曾	省吾	四十七	河北衡水	王府井大街梯子胡同
宗殿順	佑芝	四十五	山東掖縣	齊外恒興磚窰

陳炳武	允中	四十三	北平	東四北什錦花園四號
安英凱	武臣	四十二	河北大興	廣渠門外大郊亭村
孔憲墉	崇幽	四十二	山東榮邑	東安門外東興樓
鄭培福	衍五	四十一	山左	前外益和祥
朱家茂	松九	三十九	山東福山	魯省福山縣大朱家山村
刁志鳳	翔千	三十九	山左	前外益和祥
彭廣義	仁軒	三十九	河北任邱	前外虎坊橋帳垂營
蘇紹唐	伯陶	三十九	安徽	

楊瑞林	雨亭	三十八	北平	齊內豆芽菜胡同十八號
周海山	振東	三十八	北平	齊內大牌坊胡同
邊普祥	振如	三十八	北平	東直門內大街
張毓桂	燕生	三十八	河北深縣	交道口俱順木廠
孫強新	健堂	三十七	山左掖縣	東四北同盛福
楊慶梁	祝忱	三十七	北平	齊化門
修丕勛	桂臣	三十六	山東掖縣	齊內南小街泰源
彭順義	壽延	三十六	河北任邱	前外虎坊橋帳垂營

胡萬祥		三十六	山左掖縣	
路其炳		三十四	河北保定	
趙超		三十三	北平	海甸澗溝
何玉堂		三十二	北平	西城航空署街
毛賡起	庚起	三十二	山東掖縣	海甸北城府街德盛復磨刀鋪
馬俊杰	英臣	三十	山東掖縣	宜外棉花頭條七號
張文惠	濟芝	三十	河北	東直門大街
馬寶祥	少泉	三十	河北宛平	地安門外

趙學安	仲博	三十	北平	西單英子胡同四號
吳奎芳	潤臣	三十	北平	西直門新街口大四條
崔冠雲	仲華	三十	北平	後門內宮監外四十號
闞慕烈	仰益	三十	北平	地安門內
東錫源		三十	北平	海甸太平莊
金慶海	雲峰	三十	北平	西四北天一堂
桑勝芳	勝芳	二十九	山東掖縣	掖縣桑家村
盛福濤	波臣	二十九	山東掖縣	東四大豆腐巷同聚局

吳潤澤	子鎮	二十九	北平	前外興隆街五十號
趙惠福	壽村	二十九	北平	
趙曾善	元生	二十九	北平	海甸蘇公家廟
舒國曾	益卿	二十九	北平	西城達子廟
王傑	子英	二十八	山東掖縣	東四北同盛福
何佑	保芝	二十八	河北大興	東四德豐木廠
吳鍾嶽	子明	二十八	北平	
李文祺	翰章	二十八	北平	東安門內沙灘

王宗茂	新如	二十八	北平	西直門内棚匠劉胡同
吳在泮	芹生	二十七	山東掖縣	東四大豆腐巷同聚局
吳榮培	圖南	二十七	北平	
周廣志	光遠	二十七		
朱家和	介平	二十六	山東福山	魯省福山朱家鎮
黃金鑑	鏡涵	二十六	北平	琉璃廠小沙土園五號
吳潤沛	雨亭	二十六	北平	前外興隆街五十號
東錫珍		二十六	北平	海甸太平莊

蘇宗澤	侃如	二十五	安徽	
金溥臣	甫臣	二十五	北平	東直門内柳樹井
李文傑	蘊穎	二十四	河北深縣	史家胡同五十一號
王倜	子超	二十四	山東掖縣	東四北同盛福
李延壽	喜慶	二十四	山東掖縣	地安門外和興麻刀鋪
李桂巖	桂巖	二十四	天津	護國寺鐵匠營十四號
蘇學曾		二十三	北平	錦什坊街巡捕廳胡同
楊毓璋	小華	二十三	北平	地安門外

段錫震	篴初	二十二	北平	北新橋石雀胡同八號
劉芝周	彩臣	二十二	山東掖縣	東四大豆腐巷同聚局
孫國祥	效虞	二十二	山東	內西華門惜薪司胡同口外聚順齋
蘇得俊	英杰	二十一	北平	東四十二條松竹齋鐘錶鋪
蘇景曾		二十	北平	錦什坊街巡捕廳胡同
段方	義經	二十	北平	齊內南小街
孫國瑞	效銘	二十	山東	西華門惜薪司胡同
郭鴻駿	夢麟	二十	北平	齊外王家園十六號

韓乃炎	晉午	十八	河北宛平	北平憲兵司令部軍醫處
張景浦	幼峰	十七	山東濟南	紗絡胡同
李桂鈞	桂鈞	十七	天津	護國寺前鐵匠營
張景江	少峰	十五	仝上	仝上
汪恆秀	月川	五十二	河北宛平	安定門内花園北
柏錕	鎮庸		北平	宣内新篦子胡同
魏元晉			廣東	
馬普安			北平	

趙文愷	俊山		北平	天津
劉鈞	秉衡		北平	西城大乘巷十四號
金玉奇	壽峰		北平	
胡紹梅			河北	
郝樹同			河北深縣	
鍾毓秀			奉天	
吴桐			山西	
馬嵩岫	岳良		北平	

任文清　北平

盛致仲

下篇

太極拳詳解

出版

中華民國廿二年十二月一日訂

太極拳專家

王老先生茂齋肖像

著作者肖像

仁軒彭廣義

癸酉初秋

國之干城

吴佩孚題

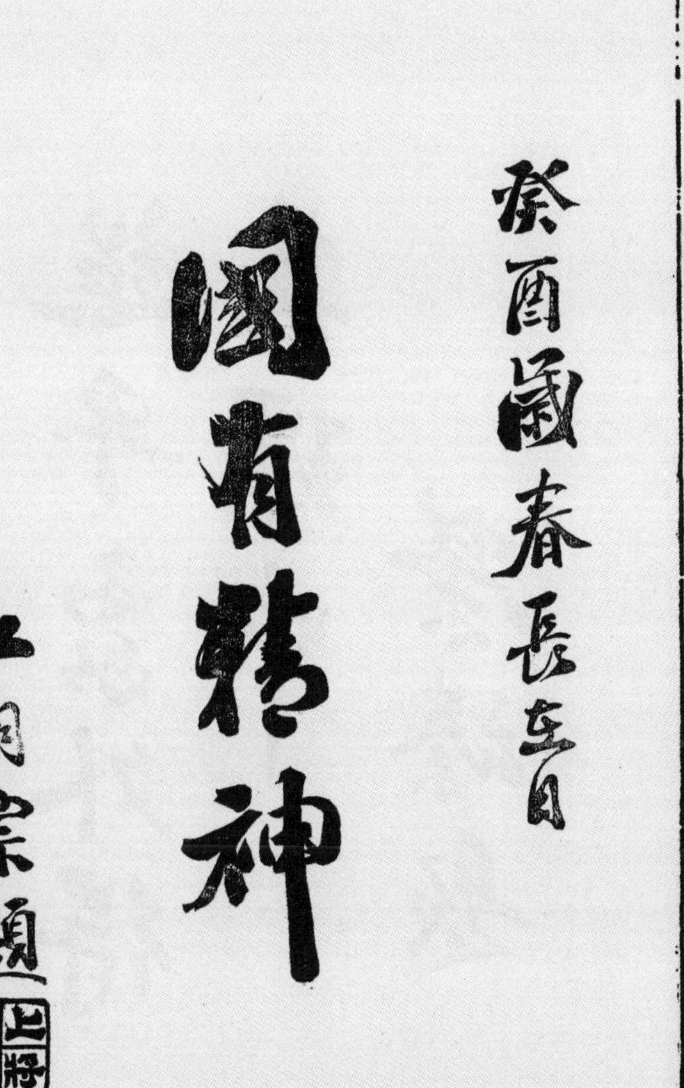
癸酉歲春長至日
國有精神
江朝宗題
上將軍印

超乎象外得其環中

荣臻题

癸酉年春

化剛為柔

楊壽樞

二十二年春

自強根本

夏仁虎題

癸酉夏月

神乎技矣

金绍曾

剛柔相濟

惲寶惠

惲寶惠

健身壽世

王琦題

癸酉孟夏

淂其寰中

齊振林

贺百仲友

常能以之可长生

张爱萍

张爱萍

民國二十二年春

有勇知方

陸哀

癸酉夏至

學究天人

謝霈

真體內充

曼青

二十二年六月

撼藤仲鐵

蘇世榮題

癸酉夏月

國强之基

趙得嶺

禮中庸云。至誠之道。可以先知。故君子之待物也以誠。太極拳之臨時動用。亦猶至誠之相待。誠者陽剛。以待陰柔。所謂以我之靜。待彼之動。用我之誠。敵彼之詐。詐者陰。誠者陽。兩相循環。乃成虛實生尅之理焉。有人謂太極拳可稱爲太極神拳者。余曰。以虛實動靜氣化名之。則無不可。然武術中。早有神拳鬼拳之名目。如太極拳增加神字。恐不解者誤解。翻有混同之弊耳。不如仍沿太極拳三字名稱爲宜。因承友人之囑。勉書數語。質於精深太極拳功者。當有以教我也。

楊曼青書於花南硯北齋

中華民國二十二年四月二十二日

體育一道東西各邦僉許爲強種當務之急然激烈之運動弗得其當或蒙其弊則擇術不可不慎也太極爲吾華國術之一本氤氳二氣運周身血脈具易經之玄理實探奧而蘊奇其爲強種之術可操左劵其能輔裨軍伍尤無待言　彭隊員頗精此道因使指導全隊日課練習卓著成績今冬刊書成帙將鍥梨問世丐予爲題予於此道門外漢也何能置詞但善不可隱率弁數言用當紹介宣尼五十學易期以寡過予於太極強身希望亦云

建國念一年仲冬之月山左李振彪題於北平軍分會尉官差遣隊公廨

自序一

予自幼身體羸弱，疾病纏綿，覓遍補救之法，仍無效果，後於友人談及太極拳，可以却病延年，於是經郭老先生松亭介紹，得從王老先生茂齋受業，惟王老先生爲人，性質樸實，其太極功夫，已至爐火純青登峯造極，凡有志願就學者，不吝珠玉，傾心教而授之，予自習學之後，每日飲食增加，身體益漸強壯，雖終日服務奔馳，亦不覺其勞苦，久而久之，其病若失矣，至今研究太極拳，已經十餘載，本於經驗所得，略爲述及，凡有内部虛弱與虧損者，或患寒腰寒腿者，甚致不能舉動者，若要練習太極拳，皆能恢復健康，則太極之功效，非其他拳術可得同日而語也，然太極經云，以心行意，以意導氣，務令沉著，氣沉丹田，內固精神，外示安逸，動轉須用自然之力，養成浩然之氣，氣流行於筋脈，血流行於膜路，週而復始，終身用之，有不能盡者矣，吾人每日練習，非但却病強身，可以延年益壽，即可進於上乘，予自入尉官隊時，課餘之暇，依然勤習不墜，前奉本隊

長官之命，將太極拳列入日課，著廣襄担任指導隊員，練習方法，緣各隊員年齡既有差別，體質強弱自異，如此情形，教導之方法，宜應分別實施，庶可收效果，於將來習

將匝月，進步尙速，幸承諸同人贊許，復奉令將太極拳綱要，編輯成書，以資佐証，凡我國人如有志願練習者，則可按圖索驥，勿以淺尠視之，豈是強國強種之門徑也，謹就管見所及，書於簡端，是以爲序，

河北仁軒彭廣義謹序

中華民國二十二年　　月　　日

太極拳解釋序二

中國武術，遵古師法相承，各尙宗派，其最著者，厥爲兩大宗派，（1）少林派，傳自後魏達摩祖師，其法以易筋眞理充實於內，壯其基礎，五拳運用之法，煅練筋骨，其深造之旨，在化剛爲柔，（2）爲武當派，傳自宋代張三峯祖師，其法以循環無端，立太極，渾圓之體，合陰陽相生之理，應太極變化之用，專主歛神入骨，其深造在以柔克剛，其兩派立法雖各有不同，然而異曲同工，抉其奧旨，皆爲入道之初階，若僅以武術目之，則誠淺鮮矣，惟少林戒約極嚴，眞傳難得，今世以少林自命者，不過技擊末藝，於易經眞理茫無領會，現行易筋二十四勢，亦非達摩留傳眞本，故論者目爲外家，若武當派太極一門，謹守師法，本十三勢遞相傳授，約而不雜，純任自然，教者學者，均能以歛神懂勁，粘黏連隨爲依歸，驗功力之深淺，至今眞傳未失，論者目爲內家，不亦宜乎，愚自束髮受書，即愛慕武術，既長從軍，奔走四方，獲與武術家相交結，得聆各家拳術之高論，獨武當派太極一門，惜未窺及門墻，是以爲憾，愚素患膝痛，今春入隊時，適遇舊同人彭君仁軒，乘課餘之暇，研究太極拳術，陶冶精神，久而久之，膝痛若失，更服太極拳之妙，不僅強眞却病已也，仁軒以愚研習若有會心，又述各家宗派，遂舉太極拳遞傳諸先哲之淵源，就其所知者以告之，曰太極拳始於張三峯，遞傳至山左王宗岳，宗岳傳蔣發陳長興，長興傳廣平楊福魁，福魁字露蟬，露蟬先生傳其長子錡，次子珏，（字班侯）三子鑑（字鏡湖，）班侯傳萬春與淩山吳全佑，（字保亭）保亭先生爲人和靄，生平不輕與人較技，即較技亦必讓人三著，蓋其天性使然也，得其傳者僅王有林（字茂齋）郭芬（字松亭）與吳愛紳（字鑑泉）諸先生，且王茂齋先生造藝精純，更能博通內外諸家，傳於彭君廣義，（字仁軒），仁軒執弟子禮甚恭，治斯道已垂十餘載，今已升堂入室，茲爲担任太極拳教授，編篡太極拳解釋，書成之日，囑愚爲叙，不採剪陋，爰筆略述少林武當兩派之宗法，及太極相承之梗概，以就正於諸同志云爾，是以爲序，

中州悟虔張思愼謹序

中華民國二十二年　　月　　日

太極拳解釋序三

竊以年來懶惰性成，素患胃病，食不甘味，寢不安席，一舉一動，面紅氣喘，不勝其勞，方知身體衰弱已極，恒惴惴焉，今歲端陽節後彭君等練習太極拳功，辱蒙不棄，竟得濫竽其間，承彭君朝夕指示，不憚其煩，雨素質魯鈍，所領會者什一耳，迄今五月餘，按式練習，無時或間，惟覺食增其量，寢安其席，宿疾全愈，心神暢快，豈非太極拳之功耶，茲承彭君囑令續貂，謹書所感是以爲序

浙江會稽澤宇陳　雨謹序

中華民國二十二年　月　日

太極拳詳解

太極拳詳解目錄

第十章

第一章 列傳

第一節

三峯先生姓張名通字君實，先世爲江西龍虎山人，故嘗自稱爲天師後裔，祖父裕賢公，學精星數，南宋未知天下王氣將從北起，遂携本支眷屬，徙居遼陽懿州，有子名居仁，字子安號白山，卽先生父也，壯負奇器，元宋收召人才，分三科取士，子安赴試策論科入選，然性素恬淡，無仕宦情，終其身於林下，定宗丁未夏，先生母林太夫人，夢元鶴自海天飛來，而誕先生，時四月初九日子時也，峯神奇異，龜形鶴骨，大耳圓睛，五歲目染異疾，積久漸昏，其時有張雲菴者，方異人也，住持碧落宮，自號白雲禪老，見先生奇之，曰此子仙風道骨，自非凡器，但目瀆魔障，須拜貧道爲子，了脫塵翳，慧珠再朗送還，太夫人許之，遂投雲菴爲徒，靜居半載，而目漸明，教習道經過目便曉，有兼讀儒釋兩家之書，隨手披閱會通其大意即止，忽忽七載，太夫人念之，雲菴亦不留，遂拜辭歸家，專究儒業，中統元年舉茂才異等，二年稱文學才識，列名上聞，以備擢用，然非先生素志也，因顯揚之故，欲效毛盧江捧檄之意耳，至元，甲子秋，游燕京時，方定鼎於燕，詔令舊列文學才識者，待用，栖遲燕市，聞望日隆，始與平章平章政事廉公希憲識，公異其才，奏補中山博陵令；遂之官，政暇訪葛洪山相傳爲稚川修煉處，因念一官蕭散，頗同鈎漏，予豈不能似稚川，越明年，而丁艱矣，又數月而報憂矣，先生遂絕仕進意，奉諱歸遼陽，終日哀毀覓山之高潔者，營厝甫畢，制居數載，日誦洞經，倏有邱道人者叩門相訪，劇談玄理，滿座風淸，洒然有方外之想，道人既去，束裝出游，田產悉付族人，囑代掃墓挈二行童，相隨，北燕趙，東齊魯，南韓魏，往來名山古刹，吟咏閒觀，且行且住，如是者幾三十年，均無所遇，乃西之秦隴，挹太華之氣，紬太白之奇，走褒斜，度陳倉，見寶鷄山澤幽邃而淸，乃就居焉，中有三尖，山峯挺秀，蒼潤可喜，因自號爲三峯居士，延佑元年，年六十七，始入終南，得遇火龍眞人，傳以大道，更名玄素，號玄玄子，別號昆陽，山居四載，功效寂然，聞近斯道者必須法財兩用，平游訪兼頗好善，囊篋殆空，不覺淚下，火龍怪之，進告以故，乃傳丹砂點化之訣，命出山修煉，立辭恩師，和光混俗者，數年，泰定甲子春，南至武當，調神九載，而道拳始成，於是湘雲巴雨之間，隱顯遨遊，又十餘年，乃於至正初，由楚還遼陽省墓，訖復之燕市，故交死亡已盡矣，遂之西山，遇前邱道人，談心話道，促膝叅同，方知爲長春先生

符陽子也，

第一章
第二節 太極拳祖師張三峯以武事得道論

蓋未有天地先有理，理爲氣之陰陽主宰，主宰理以有天地，道在其中，陰陽氣道之流行，則爲對待，對待者陰陽也，類也　一陰一陽之爲道，道無名，天地始，道有名萬物母，未有天地之前無極也，無名也，既有天地之後有極也，有名也，然前天地者曰理，後天地者曰母，是乃理化先天陰陽氣數，毋生後天胎卵濕化，位天地育萬物，道中和然也　故乾坤爲大父母，先天也，爹娘爲小父母，後天也，得陰陽先後天之氣以降生身，則爲人之初也，夫人身之來者，得大父母之命性賦理，得小父母之精血形骸，合先後天之命，我得而成人也，以配天地爲三才，安可失性之本哉，然能率性，則本不失，既不失本來面目，又安可失身體之去處哉，夫欲尋去處，先知來處，來有門，去有路，良有以也，然有何以之固有之知能，無論智愚賢否，固知能皆可以進道，既知能修道，可知來處之源，必能知去處之委，來源知委，既能知，必明身不修，故曰自天子至於庶人，壹是皆以修身爲本，夫修身以何，以之良能，視能聽曰聰明，手舞足蹈，乃武乃文，致知格物意誠，心爲一身之主，正意誠心，以足踏五行，手舞八卦，手足爲之象，用之殊途良能還原，目視三合，耳聽六道，耳目亦四形體之一，表裏之歸，本耳目手足，分而爲二，皆爲兩儀，合之爲一，共爲太極，此爲外歛入之於內，亦自內發出文於外，能如是表裏精粗無不到，豁然貫通，希賢希聖之功，自臻於曰睿曰知，乃聖乃神，所謂盡性立命，窮神述化在茲矣，然天道人道一誠而已矣，

第二章　太極拳之傳流

第一節　張三峰

張三峰名通，字君實，遼東懿州人，宋徽宗時値金人入寇彼以一人殺金兵五百餘，山陜人民慕其勇，從學者數

百人，因傳其技於陜西　元世祖時，有西安人王宗岳者，得其眞傳，名聞海內，温州陳同曾多從之學，由是自山陜而流傳於浙東，又百餘年，有海鹽張松溪者，最爲著名，（見寗波府誌）後傳其技於寗波葉繼美，字近泉，近泉傳王征南，字來咸，清順治中人，征南爲人勇而有義，在明季可稱獨步，黃宗羲最重征南，（見游俠佚聞錄）征南死時，曾爲作墓誌銘征南之後，又將百年，始有甘鳳池，此皆爲南派人士，其北派所傳者，由王宗岳傳河南蔣發，蔣發傳河南懷慶府陳家溝陳長興，其人立身常中正不倚，人因稱之爲牌位先生，先生有子二人長曰耿信，次曰紀信，時有楊露蟬先生，印福魁者，直隸廣平府永年縣人，聞其名因與同里李伯魁共往師焉，同學者除二人外皆陳姓，頗異視之，二人互相結納，盡心研究，常徹夜不眠，陳先生見楊之勤學，遂盡傳其秘，楊歸傳其術徧鄉里，俗稱爲軟拳，因其能避制強硬之力也，嗣楊游京師，客諸府邸，清親貴王公貝勒，多從受業焉，旋爲旗營武術教師，有子三人，長名錡早亡，次名鈺，字班侯，三名鑑，字健侯，亦曰鏡湖，皆獲盛名，當露蟬先生充旗營教師時，得其傳者三人，萬春凌山全佑（字保亭）是也，一勁剛，一善發人，一善柔化，或謂三人各得先生之一體，有筋骨皮之分，旋從先生命，均拜班侯之門，稱弟子云，至保亭先生為人和藹，生平不輕與人較技，即較技亦必讓人三著，蓋其天性使然也，得其傳者，僅王有林字茂齋，郭芬字松亭，吳愛紳字鑑泉，王茂齋先生性質樸實，造藝精純，更能博通內外諸家，其太極工夫，已至爐火純清，登峯造極，凡有就學之者，並不吝珠玉，傾心教而授之得其傳者，有彭廣義（字仁軒）等，約數百餘人，均受業焉，

第二章 第二節 太極拳論

太極者，由無極而生陰陽之母也，動之則分，靜之則合，

無過不及，隨曲就伸，人剛我柔謂之走，我順人背謂之粘，動急則急應，動緩則緩隨，雖變化萬端，而理爲之一貫，由著熟而漸悟懂勁，由懂勁而階及神明，然非用功之久，不能豁然貫通焉，須領頂勁，氣沉丹田，不偏不倚，忽隱忽現，左重則左虛，右重則右杳，仰之則彌高，俯之則彌深，進之則愈長，退之則愈促，一羽不能加，蠅虫不能落，人不知我，我獨知人，英雄所向無敵，蓋皆由此而及也，斯技旁門甚多，雖勢有區別，概不外乎壯欺弱，慢讓快耳，有力打無力，手慢讓手快，是皆先天自然之能，非關學力而有所爲也，察四兩撥千斤之句，顯非力勝，觀耄耋能禦衆之形，快何能爲，立如平準，活似車輪，偏沉則隨，雙重則滯，每見數年純功不能運化者，率皆自爲人制，雙重之病未悟耳，欲避此病，須知陰陽，粘即是走，走即是粘，陰不離陽，陽不離陰，陰陽相濟，方爲懂勁，懂勁之後，愈練愈精，默識揣摩，漸至從心所欲，本爲捨已從人，多誤捨近求遠，所謂謬之毫釐，差之千里，不可不詳辨焉，是以爲論，

第三章 第一節 太極拳釋名

太極拳，一名長拳，又名十三式長拳者，如長江大海，滔

滔不絕也，十三式者，掤攦擠按採挒捌擸進退顧盼定也，掤攦擠按，即坎離震兌四正方也，採挒捌擸，即乾坤艮巽四斜角也，此八卦也，進步退步左顧右盼中定，即金木水火土也，此五行也，合而言之曰十三式，是拳技也，一著一勢，均不外乎陰陽，故名之曰太極拳，

第三章 第二節 太極圈歌

退圈容易進圈難，不離腰頂後與前，所難中土不離位，退易進難仔細研，此爲勁功非站定，倚身進退並比肩，能如水磨催急緩，雲龍風虎象週旋，要用天盤從此覔，久而久

之，出自然，

第四章
第一節　八門五步法

掤（南）攌（西）擠（東）按（北）採（西北）挒（東南）搠（東北）擸（西南）方位，坎離震兌乾坤艮巽八門也，參照下列附圖方位八門，乃陰陽顛倒之理，週而復始，隨其所行也，總之四正隅，不可不知矣，夫掤握擠按，是四正之手，採挒肘靠，是四隅之手，合隅正之手，得門位之卦，以身分步五行，意在支撑八面，五行者，進步（火）退步（水）左顧（木）右盼（金）中定（土也）夫進退爲水火之步，顧盼爲金木之步，以中土爲樞極之軸，懷八卦脚跐五行，手步八門，其數十三，出於自然十三勢也，名之曰八門五步，

第五章　十三式總論

第一節

一舉動身週俱要輕靈，尤須貫串，氣宜鼓盪，神宜內歛，

無使有缺陷處，無使有高低(凸凹)處，無使有斷續處，其根在脚，發於腿，主宰於腰，行於手指，由脚而腿而腰，總須完整一氣，向前退後，乃得機得勢，有不得機不得勢處，身便散亂，其病必於腰腿求之，上下前後左右皆然，凡此皆是意不在外，有上即有下，有左即有右，有前即有後，如意要向上，即寓下意，若將物掀起而加以挫之之意，斯其根自斷，乃壞之速而無疑，虛實宜分清楚，一處自有一處虛實，處處總有一處虛實，週身節節貫串，勿令絲毫間斷耳，

第五章 第二節 十三式行功心解

以心行氣，務令沉著，乃能收歛入骨，以氣運身，務令順遂，乃能便利從心，精神能提得起，則無遲重之虞，所謂頂頭懸也，意氣須換得靈通，乃有圓活之趣，所有變轉虛實也，發勁沉著，鬆靜專注一方，立身須中正安舒，支撑八面，行氣如九曲珠，無微不利，運勁如煉剛，何堅不摧，形如搏兎之鵠，神如捕鼠之貓，靜如山岳，動似江河，蓄勁如開弓，發勁如放箭，曲中求直，蓄而後發，力由脊發，步隨身換，收即是放，斷而復連，往復須有摺疊，進退須有轉換，極柔軟然後極堅剛，能呼吸然後能靈活，氣以直養而無害，勁以曲蓄而有餘，心爲令，氣爲旗，腰爲纛，先求開展，後求緊湊，乃可臻於縝密矣，

又曰先在心，後在身，腹鬆氣歛入骨，神舒體靜，一動無有不動，一靜無有不靜，牽動往來，氣貼背，歛入脊骨，內固精神，外示安逸，邁步如貓行，運動如抽絲，全身意在精神不在氣，在氣則滯，有氣者無力，無氣者純剛，氣如車輪，腰如車軸，

第五章第三節　十三式行功歌

十三總勢莫輕視　命意源頭在腰際
變轉虛實須留意　氣徧身軀不稍痴
靜中觸動動猶靜　因敵變化是神奇
勢勢存心揆用意　得來不覺費功夫
刻刻留意在腰間　腹內鬆靜氣騰然
尾閭中正神貫頂　滿身輕利頂頭懸
仔細留心向推求　屈伸開合聽自由
入門引路須口授　功用無息法自休
若言體意何爲準　意氣君來骨肉臣
詳推用意終何在　益壽延年不老春

歌兮歌兮百四十　字字眞切義無疑
若不向此推求去　枉費功夫遺嘆惜

第六章 第一節 用功有四忌

此功夫近於道學崇尚信重道德不能有酒色財氣謂之四戒也

忌飲過量之酒　忌當色者（夫婦之道又將有別，）
忌取不義之財　忌動不合中之氣（一飲一啄在內，）

第六章 第二節 用功三小忌

凡食多飲多睡多之時忌用功夫雖於身體無害而以無益也

食多時飲多時　睡多時（恐其有害於中氣也，）

第六章　第三節　用功五誌

博學（是要多用功夫）　審問（不是口問是聽勁）　慎思（聽而後留心想念）　明辨（生生不已）　篤行（如天行健）

第七章　第一節　太極拳各勢名稱目次

(1)預備式　(2)攬雀尾　(3)單鞭

(4)提手上式　(5)白鶴晾翅　(6)左摟膝拗步

(7)琵琶式　(8)左摟膝拗步　(9)右摟膝拗步

(10)左摟膝拗步　(11)右摟膝拗步　(12)左摟膝拗步

(13) 手揮琵琶式
(14) 上步搬攔捶
(15) 如封似閉
(16) 十字手
(17) 摟膝拗步
(18) 抱虎歸山
(19) 攬雀尾
(20) 斜單鞭
(21) 肘底看捶
(22) 左倒攆猴
(23) 右倒攆猴
(24) 左倒攆猴
(25) 右倒攆猴
(26) 左倒攆猴
(27) 斜飛式
(28) 提手上式
(29) 白鶴晾翅
(30) 摟膝拗步
(31) 海底針
(32) 扇通臂
(33) 撇身捶
(34) 卸步搬攔捶
(35) 上步攬雀尾
(36) 單鞭
(37) 左雲手
(38) 右雲手
(39) 左雲手
(40) 右雲手
(41) 左雲手
(42) 左高探馬

(43) 右分脚

(44) 右高探馬

(45) 左分脚

(46) 轉身蹬脚

(47) 左摟膝拗步

(48) 右摟膝拗步

(49) 進步栽捶

(50) 反身撇身捶

(51) 左高探馬

(52) 右分脚

(53) 右打虎式

(54) 左打虎式

(55) 披身踢脚 又名二起脚

(56) 雙風貫耳

(57) 左右蹬脚

(58) 右摟膝拗步

(5) 左摟膝拗步

(60) 手揮琵琶式

(61) 上步搬攔捶

(62) 如封似閉

(63) 十字手

(64) 摟膝拗步

(65) 抱虎歸山

(66) 攬雀尾

(67) 斜單鞭

(68) 看式

(69) 右野馬分鬃

(70) 左野馬分鬃

(71) 右野馬分鬃

(72) 左野馬分鬃

(73) 右野馬分鬃
(74) 看式
(75) 右野馬分鬃
(76) 上步左玉女穿梭
(77) 轉身右玉女穿梭
(78) 看式
(79) 右野馬分鬃
(80) 上步左玉女穿梭
(81) 轉身右玉女穿梭
(82) 上步按手
(83) 上步攬雀尾
(84) 單鞭
(85) 左雲手
(86) 右雲手
(87) 左雲手
(88) 右雲手
(89) 左雲手
(90) 單鞭
(91) 下式
(92) 右金鷄獨立
(93) 左金鷄獨立
(94) 左倒攆猴
(95) 右倒攆猴
(96) 左倒攆猴
(97) 右倒攆猴
(98) 左倒攆猴
(99) 斜飛式
(100) 提手上式
(101) 白鶴晾翅
(102) 左摟膝拗步

(103) 海底針
(104) 扇通臂
(105) 撇身捶
(106) 上步搬攔捶
(107) 上步攬雀尾
(108) 單鞭
(109) 左雲手
(110) 右雲手
(111) 左雲手
(112) 右雲手
(113) 左雲手
(114) 單鞭
(115) 左高探馬
(116) 撲面掌
(117) 轉身十字擺蓮
(118) 右摟膝拗步
(119) 上步摟膝指襠捶
(120) 上步攬雀尾
(121) 單鞭
(122) 下式
(123) 上步騎鯨
(124) 退步跨虎
(125) 轉身撲面掌
(126) 轉身雙擺蓮
(127) 右彎弓射虎
(128) 左彎弓射虎
(129) 上步攬雀尾
(130) 單鞭
(131) 上步錯捶
(132) 攬雀尾

(133) 單鞭

(134) 合太極(收式)

第七章 第三節 太極拳各勢圖解

預備式（分一動）

（一）身體直立，兩手下垂，腕與胯齊，掌心下按，手指向前，兩目向前平視，兩足距離與肩寬相等，如圖，（此勢以體靜神舒，氣沉丹田，精神貫於頭頂，全身需要靈活無絲毫着力之處，任其自然，）

第一圖 預備式

攬雀尾（分四動）

第二圖　攬雀尾（一）

第三圖　攬雀尾（二）

（一）由前式左足前出半步，左膝在前為弓，右腿在後蹬直，同時左臂上提彎於胸前，手心向內，右手手心按於左手脈門之上，手心向外，

（二）身體向右轉，（足尖與身體同一方向，）右膝前曲，左腿伸直，右臂前伸，手心向上，左手手心向下，手指按右脈門，

第四圖 攬雀尾（三）

第五圖 攬雀尾（四）

(三)兩手翻轉，右手手心向下，左手心向上，手指不離右手脈門，左腿後坐，兩臂向懷內合攬，

(四)兩手翻轉，右手手心向上，左手手心向下，手指不離脈門，右手向左前方伸直，右腿隨之前曲，右手向右向後平繞一環形全頭部右側方，右手與肘宜垂直，左手手指仍按於右手脈門如圖，一，二，三，四，(此勢運動身體腹腰肩背各部，手尖路綫須成一環形，腰脊隨之動作，方能靈活)

單鞭式（分二動）

（一）由前式右手作成勾形，同時右脚以足根爲軸向左旋轉約十九度，左手手指仍在右手脈門處

第六圖 單鞭（一）

第七圖

單鞭

（二）

（二）左臂肘以上略成水平，肘以下略成垂直，手背向外，兩目注視手心，由右手脈門處向左橫移至頭部左前方，手心翻轉向外，於左手橫移時，左脚向左後方移動約半足，成騎馬式，兩手離開約一百五十度，如圖一，二，（此勢運動腰腿及兩臂，務須靈活自然，）

提手上式（分二動）

第八圖 提手上式（一）

第九圖 提手上式（二）

（一）由前式右足前上半步，右臂彎於胸前，手心向內，左手手指按於右手脈門，

（二）左足向右足靠攏，左手背向上，橫於胸前手，右手上提至頭之前上方，手心翻轉向上，左手下按至小腹處，如圖（此勢兩眼須注視手之動作，並須提項勁，使腰腿隨之伸縮爲宜，）

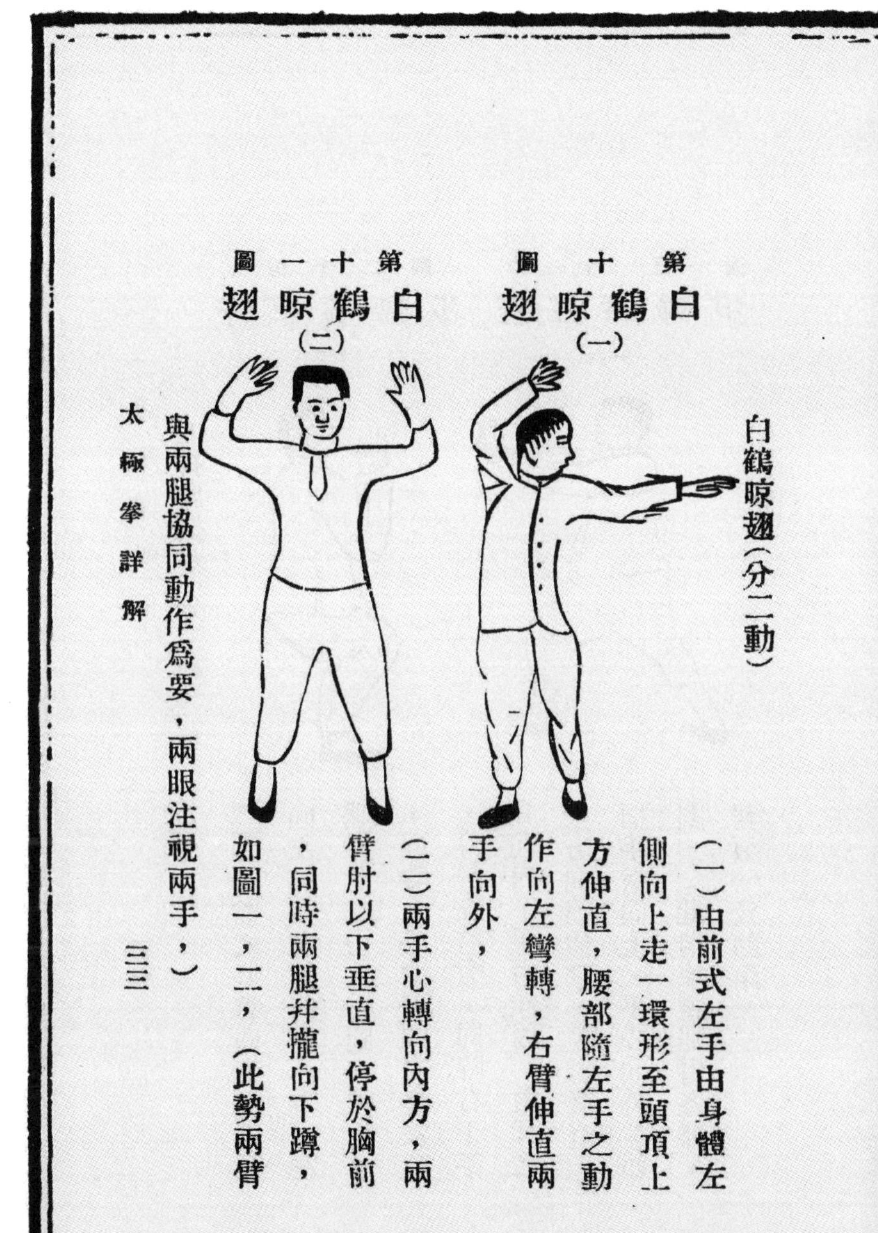

第十圖　白鶴晾翅（一）

第十一圖　白鶴晾翅（二）

白鶴晾翅（分二動）

（一）由前式左手由身體左側向上走一環形至頭頂上方伸直，腰部隨左手之動作向左彎轉，右臂伸直兩手向外，

（二）兩手心轉向內方，兩臂肘以下垂直，停於胸前，同時兩腿并攏向下蹲，如圖一，二，（此勢兩臂與兩腿協同動作爲要，兩眼注視兩手，）

左摟膝拗步(分二動)

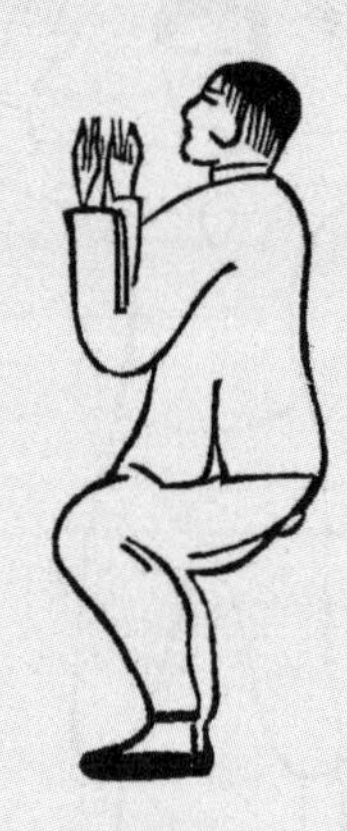

第十二圖 左摟膝拗步(一)

第十三圖 左摟膝拗步(二)

(一)由前式身體向下蹲身再向左轉，左足前出一步，左腿在前爲弓，右腿在後蹬直，同時左手由下向左摟左膝，停於左胯旁，同時右手手心向內，手指向前，由耳之上方向前伸掌，俟臂微直，則手指向上，手心向外，如圖，(此勢練腰腿臂各部，務須一致動作，)

第十四圖

琵琶式

(一)

琵琶式(分一動)

(一)由前式身體後坐，體之重力移於右腿，左腿蹬直，足尖翹起，左臂由下向上提，肘以下垂直，於胸前，手指向上，拇指對準鼻尖，手心向右，右手收回，手心向左，在左肘下方，拇指與左肘接觸，如圖，(此勢運動時體臂腿務須一致，)

左摟膝拗步（分一動）

（一）由前式左足踏地，左膝在前爲弓，曲右腿在後蹬直，左手手心向下摟左膝，置於左胯旁，同時右手手指向前，手心向內，自右耳上方向前伸出，俟臂微直，則手指向上，手心向外，如圖，

第十五圖

左摟膝拗步

（一）

第十六圖

右摟膝拗步

（一）

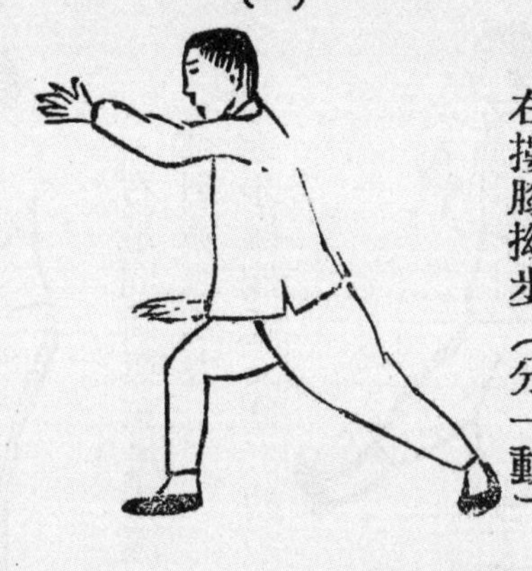

右摟膝拗步（分一動）

（一）由前式右足前踏一步，右膝在前爲弓，左腿在後蹬直，右手手心向下摟右膝置於右胯，同時左手手指向前，手心向內，自左耳上方向前伸出，俟臂微直則手指向上，手心向外，

左摟膝拗步與前式同十三圖

右摟膝拗步與前式同十五圖

左摟膝拗步與前式同十三圖

手揮琵琶式（分一動）

第十七圖 手揮琵琶式（一）

兩手手心參差相對，兩手掌之外側向左下方擄一小環形，右足向前與左足靠攏，如圖，（此勢兩手運動時腰部須隨之用力，）

進步搬攔捶（分二動）

（一）由前式兩手手心斜對，兩掌外側向左下方，兩手由右向左擄一大環形，同時左足前出一步，左腿在前爲弓

第十八圖 進步搬攔捶（一）

第十九圖

進步搬攔捶（二）

體之重力在左腿上，兩手收回停於胸前，左手爲掌，手指向上，手心向右，右手爲拳，拳眼向上輕貼於左手手心，在兩手收回時，上體後坐，體之重力移於右腿上，左足足尖翹起，

（二）右拳向前打出，拳眼向上，同時左足着地在前爲弓右腿在後伸直，如圖一，二，（此勢運動腰脊腿臂各部，腰脊用力不可將上體向前探出）

如封似閉（分一動）

（一）由前式左手手心向外，手指向上，腕部在左臂腋下，手指稍向上翹，手背貼於右臂之外側，沿右臂向前推動，同時右臂向後撤，上體後坐，體之重力移於右腿上，左足尖翹起，兩手同時收回，手心相對，約距十五生的，兩手手指約向前上方，兩手向前推出，手心向外，手指向上，同時左足踏地在前爲弓，右腿在後伸直，如圖，（此勢運動腰腿脊臂各部，動作務須靈活，兩手收回時與體之後坐須一致，兩手推出與左膝前曲更須一致，）

第二十圖　如封似閉（一）

第二十一圖
十字手式
（一）

十字手（分二動）

（一）由前式兩臂伸直，兩足根作軸向右旋轉約九十度，身體向下蹲，兩膝向前彎曲，兩臂由下向左右伸作弧形，漸漸伸直，兩掌向前，

第二十二圖

十字手式（二）

（二）靠左足，兩手漸次向上翻轉，在頭頂上交义作斜十字形，左手手心向外，右手手心向內，如圖一，二，（此勢練習時應連續以下各部不可稍有停滯，）

第二十三圖

左摟膝拗步

（一）

左斜摟膝拗步（分一動）

（一）由前式右手不動，左手向下摟左膝，左足向左前方踏出一步，左膝在前爲弓，同時右手手心向內，手指向前，自右耳上方向前伸出，俟臂微直則手指向上，手心向外，

抱虎歸山(分一動)

第二十四圖

抱虎歸山

(一)

(一)由前式提起右足以左足根爲軸向右後旋轉約一百八十度，轉時右手向下摟右膝，右足着地，在前爲弓，同時左手手心向內，手指向前，自左耳上方向前伸出，俟臂微直則手指向上，手心向外，如圖(此勢宜腰身腿臂連成一氣，)

攬雀尾同前式之二，三，四，五圖

斜單鞭與單鞭式六，七圖同

第二十五圖

肘底看捶

(一)

肘底看捶(分一動)

(一)右足向左前方上一步,身體隨之向左旋轉約九十度,同時兩手由右向左走一環形至左脇下爲拳,拳眼向上,左拳在上,右拳在下,左足收回足尖着地作丁字形,同時左拳豎起與左肩同高,左臂肘以下垂直,同時右拳移於左肘下,兩眼向前平視,如圖,(此勢腰腿臂連合動作勿須用力切要靈活,)

左倒輦猴(分一動)

(一)由前式提左足向後退半步伸直，右腿在前爲弓，同時左手順左耳旁向前伸平，手指上翹，手心向外，如圖(此勢兩腿宜微曲手須與眼齊)

第二十六圖
左倒攆猴
(一)

第二十七圖

右倒攆猴

(二)

右倒輦猴(分一動)

(一)由前式左足不動，身體向後坐，重力移於左足，右足向後退一步伸直，左腿在前爲弓，同時右手順右耳旁向前伸平，手指上翹，手心向外，

左倒輦猴同前式十三圖

右倒輦猴同前式十五圖

左倒輦猴同前式十三圖

第二十八圖
斜飛式
（一）

斜飛式（分一動）

（一）由前式左足前踏一步同時左手移於胸前，手心向上，同時右手向左走一環形，於左手上，手心向下，左手向左前上方伸直，同時右手向右後下方伸直，置於右跨旁，左腿在前爲弓，右腿在後蹬直，兩眼注視左手，如圖，（此勢須靈活，臂手腿一致動作爲要）

提手上式同前八，九圖

白鶴晾翅同前十，十一，圖

左轉身摟膝拗步同前十五圖

第二十九圖

海底針

(一)

海底針(分一動)

(一)由前式左足收回在右足左側，足尖着地，同時右手撤回，手指向下，手心向左，左手扶於右手脈門處，右臂向下伸直，兩膝前曲，身體向下蹲，如圖(此勢活動腰臂腿)

扇通臂（分一動）

（一）由前式右臂上提至頭部前上方，肘以下成水平手心向上，左手即沿右臂向左平伸，手心向左，手指向上，同時以右足根爲軸身體向右轉九十度，左足向左橫踏一步，身體下蹲，成騎馬式，如圖，（此勢練腿及肩背力，）

第三十圖

扇通臂

（一）

第三十一圖

右轉撇身捶

（一）

右轉身撇身捶（分一動）

（一）由前式右手向右下方落變拳，手背向下，左手附於右脈門處，同時提起右足，以左足根爲軸身體向右轉九十度，右足即向右前方踏出一步，同時右拳由左向上再向右前方畫一弧形，手臂向下向右後方打，如圖，（此勢於轉身時，臂腿動作以腰脊爲樞紐，庶能靈活）

卸步搬攔捶（分二動）

（一）由前式兩手變掌，手心斜對，兩手合掌向左下方，由右向左擄一大環形，同時右足向後撤一步，上體向後坐，左足尖翹起，兩手擄至胸前，左手手指向上，手心向右，右手爲拳，拳眼向上，輕貼於左手心，

第三十二圖

卸步搬攔捶

（一）

第三十三圖

卸步搬攔捶

（二）

卸步搬攔捶

（二）向前弓身打出右拳，左腿在前爲弓，右腿在後蹬直，如圖（此勢臂腿之動作須一致）

上步攬雀尾（分四動）

（一）由前式右足前踏一步，右腿在前爲弓，左腿在後蹬直，右手變掌，手心向下，左手附於右脈門，均同前二，三，四，五圖

單鞭同前六，七，圖

第三十四圖
左雲手
（一）

左雲手（分一動）

（一）由前式上體隨右臂向右斜伸，右膝曲左腿横蹬直，左手下落至左膝，再向右上方走一環形，右手落下，左手手心向內，與眼同高兩眼注視手心，由面前向左横移至頭之左側，臂伸直，手心翻轉向外，上體隨左手之動作重力移於左腿上，左膝曲，同時右手向左上方走一環形，如圖，（此勢運動腰脊腿臂，靈活一致爲要，）

第三十五圖

右雲手

(一)

右雲手(分一動)

(一)由前式左手落下，右手手心向內，由面前向右橫移至頭之右側，臂伸直，手心翻轉向外，同時左手向右上方走一環形，右足於右手橫移時，向左移動，與左足并攏，如圖

左雲手（分一動）同前三十四圖

（一）右手落下，左手手心向內，由面前向左橫移至頭之左側，臂伸直，手心翻轉向外，同時右手向左上方走一環形，左足於左手橫移時，向左橫踏一步，左膝前曲，身體重力移於左腿上，

右雲手同前三十五圖

左雲手同前三十四圖

單鞭同前六七圖

左高探馬（分一動）

第三十六圖
左高探馬
（一）

（一）由前式身體向左旋轉約九十度，左足收回於右足左側，足尖着地，同時左手落下於左脇處，手心向上，手指向前，右手在左手上，手心向前方，手指向左，如圖（此勢手腳之動作務須一致）

第三十七圖
右分脚
(一)

右分脚（分一動）

(一)由前式左足向左前方踏出一步，左腿前弓，右腿在後蹬直，兩手就前式之姿式向右擄一環形至胸前，兩手心向下，兩手手指相對微接，兩手同時向上抬至頭之前上方，分向左右劈成水平，上體半面向右•同時右足向右前斜方踢起，如圖，（此勢劈手時與踢脚須一致，左腿并宜稍曲，）

第三十八圖 右高探馬(一)

右高探馬(分一動)

(一)由前式右足向右前方落出一步，足尖着地，同時右手落至右脇處，手心向上，手指向前，左手在右手之上，手心向前下方，手指向右，如圖，

第三十九圖 左分脚(一)

左分脚(分一動)

(一)由前式，右足全部着地，右腿前弓，左腿在後蹬直，兩手就前式之姿勢向左擄一，環形，至胸前，兩手心向下，兩手指相對微接，兩手同時向上抬至頭之前上方，分向左右劈成水平，上體半面向右，同時左足向左前方踢起，如圖，

第四十圖

轉身蹬脚

（一）

轉身蹬脚（分一動）

（一）由前式以右足根爲軸身體向左後方旋轉九十度，左足落至右足左側，足尖着地，兩手收回於胸前，兩手向下，兩手指相對微接，兩手分向左右劈成水平，同時左足向左踢起，如圖，（此勢轉身時須直立，不可前俯後仰，）

左摟膝拗步同前十三圖

右摟膝拗步同前十五圖

進步栽捶(分一動)

(一)由前式，左足前進半步，右手提至右耳邊爲拳，右足移於左足右後方約距二十生的，兩膝前曲，身體下蹲，同時右拳向下捶打，左手附於右脈門，兩目注視右拳，如圖，(此勢宜用腰脊力，頭部兩眼視於足尖之垂直綫，)

第四十一圖
進步栽捶
(一)

第四十二圖 翻身撇身捶(一)

翻身撇身捶（分一動）

（一）由前式拳及右腿同時提起，以左足根爲軸向右後旋轉一百八十度，右足向右前方踏出一步，右拳手背向下爲拳，與右足同一方向向下打，左手附於右脈門，兩眼注視右拳，如圖（此勢臂腿須一致，轉身時身體不可後仰，）

左高探馬同前三十六圖

右分脚同前三十七圖

右打虎式（分一動）

（一）由前式右足向右後方撤一大步，同時左足收回於右足左側，足尖着地，同時右手落下變拳，向上伸直，拳眼向後，左手變拳在右腋下拳眼緊附右脇，身體微向下蹲半面向右，兩眼前視，如圖，（此勢宜用腰脊力）

第四十三圖

右打虎式（一）

第四十四圖

左打虎式

（一）

左打虎式（分一動）

（一）由前式左足向左後方撤一大步，同時兩拳落下，提起右腿，右足護襠，左拳向左上方伸直，拳眼向後，右拳橫於面前，肘與右膝相接，身體半面向左，兩眼前視，如圖，

披身踢脚（分一動）（又名二起脚）

（一）由前式兩手變掌分向前後劈成水平，同時右脚踢平，如圖（此勢腰脊用力，左足支撑全身，不可移動搖擺爲要，）

第四十五圖
披身踢脚
（一）

雙風貫耳（分一動）

第四十六圖

雙風貫耳

（一）

（一）由前式上體半面向右轉，兩手收回於胸前，手背向下，拍擊右膝上部，右足前踏一步為弓，左腿在後蹬直，兩手變拳，兩拳眼向內，由左右分向前合擊如擊敵之兩耳，兩眼前視，如圖，（此勢兩臂動作須與腰腿一致輕捷靈活，）

披身蹬脚（分二動）

（一）由前式兩手位置不動。以兩足掌爲軸上體向右轉九十度，兩膝彎曲，將身蹲下

第四十七圖
披身蹬脚
（一）

第四十八圖

披身蹬脚

(二)

(二)兩手分向左右臂成水平，同時左足向左腿處移動，身體以右足掌爲軸向右後旋轉約一百八十度，左足落於右足左側，同時兩手仍回至胸前，兩手心向下，手指相對微接，

（一）兩手分向左右劈成水平同時右足向右踢起與右分脚同，如圖，（此勢蹬脚時須足踵用力，）

第四十九圖

轉身蹬脚

（一）

右摟膝拗步同前十五圖

左摟膝拗步同前十三圖

手揮琵琶式同前十六圖

上步搬攔捶同前十八圖

如封似閉同前十九圖

十字手同前式二十圖　二十一圖

左摟膝拗步同前十三圖

右轉身抱虎歸山同前十五圖

攬雀尾同前二三四五圖

斜單鞭同單鞭式六，七圖與正單鞭同

看式（分一動）

第五十圖　看式（一）

（一）由前式右足撤回，足尖在前翹起，身體後坐，重力移於左腿上，右手爲掌，豎於面前，拇指對準鼻端，左

手在右肘下，拇指與右肘接觸，兩眼前視，如圖，（此勢用腰脊力臂腿一致，）

右野馬分綜（分一動）

（一）由前式右足向右前方上一大步，同時兩手交叉於胸前，左手在上，手心向下，右手在下，手心向上，右臂即向右前上方斜伸微直，上體隨之斜伸，與右臂成一致，右腿前弓，左手向左下方伸直，左腿在後蹬直，兩眼注視左手，如圖（此勢須腰腿臂一致，全身舒展，）

第五十一圖

右野馬分綜

（一）

第五十二圖

左野馬分鬃

（一）

左野馬分鬃（分一動）

（一）由前式左足向左前方上一大步，兩手交叉於胸前，右手在上，手心向下，左手在下，手心向上，左臂即向左前上方斜伸微直，上體隨之斜伸，與左臂成一致，左腿前弓，右手向右下方伸直，右腿在後蹬直，兩眼注視右手，如圖，

右野馬分鬃同前五十二圖

左野馬分綜同前五十二圖

右野馬分綜同前五十一圖

看式同前五十圖

右野馬分綜同前五十一圖

上步左玉女穿梭（分二動）

第五十三圖

左玉女穿梭

（一）

（一）由前式左足向左前方上一大步，左手橫於胸前，約距十生的，手心向上，右手附於左手脈門處，左手向前左方平走一環形，右手不離左手脈門，左手橫於頭頂上

，手心向上，同時上體後坐，重力移於右腿上，右掌即豎於胸前，手心向左

(二)右掌向前推出，上體隨之推進，左腿前弓，右腿在後蹬直，如圖，(此勢方向半面向左，但身體仍須中正，)

第五十四圖 左玉女穿梭(二)

轉身右玉女穿梭(分二動)

(一)由前式提起右足以左足根爲軸由右向後轉一百八十度，右足落於右前方，同時右手橫於胸前，約距十生的，手心向上，左手附於右手脈門處，右手向右前方平走一環形，左手不離右手脈門處，右手橫於頭頂上，手心向上，同時上體後坐，重力

第五十五圖

右玉女穿梭

(一)

移於左腿上，左掌卽豎於胸前，手心向右，

第五十六圖

右玉女穿梭

(二)

(二)左掌向前推出，上體隨之推進。右腿前弓，左腿在後蹬直，如圖

看式同前五十圖

右野馬分綜同前五十一圖

上步左玉女穿梭同前五十三，四，圖

轉身右女穿梭同前五十五，五十六，圖

上步按手（分一動）

（一）由前式左足前上一步，同時兩手心向下，向前下方按，兩臂肘以下約成水平，右足再前上一步，如圖，（此勢臂腿宜靈活，）

第五十七圖

上步推按（一）

攬雀尾同前二，三、四，五，圖

單鞭同前六，七，圖

右雲手同前三十五圖

左雲手同前三十四圖

右雲手同前三十五圖

左雲手同前三十四圖

右雲手同前三十五圖

單鞭同前六，七，圖

下式（分二動）

第五十八圖

下式

（一）

（一）由前式以兩足掌爲軸，身體半面向左轉，重力移於左腿上，左腿在前爲弓，右腿在後蹬直，同時左手位置不動，右手橫移，微接於左手脈門，兩手手指向左

第五十九圖

下式（二）

（二）兩手向後向下走一弧形至襠前，同時身體重力移於右腿上，右腿極力下蹲，左腿伸直，兩足尖不可翹起，如圖一，二，（此勢蹲身時，腰脊須直立，不可前傾）

第六十圖
右金鷄獨立
(一)

右金鷄獨立(分一動)

(一)由前式兩手向前上方挑起，身體隨之，重力移於左腿上，同時右腿曲膝提起，膝蓋以下垂直，右臂肘以下垂直於胸前，肘與右膝接觸，左手落下於前下方，如圖(此勢樞紐在腰脊不可搖動)

第六十一圖
左金鷄獨立
(一)

左金鷄獨立(分一動)

(一)由前式右臂與右腿同時落於右方，同時左臂曲肘與左膝相接，挂起左腿，左臂肘以下垂

直於胸前，左腿膝以下垂直，如圖，

左倒輦猴同前二十六圖

右倒輦猴同前二十七圖

左倒輦猴同前二十六圖

斜飛式同前二十八圖

提手上式同前八，九，圖

白鶴晾翅同前十，十一，圖

左轉身摟膝拗步同前十三，圖

海底針同前二十九圖

扇通臂同前三十圖

右轉身撇身捶同前三十一圖

上步搬攔捶同前十八圖

上步攬雀尾同前二，三，四，五，圖

單　鞭同前六，七，圖

左雲手同前三十四圖

右雲手同前三十五圖

左雲手同前三十四圖

單　鞭同前六，七，圖

左高探馬同前三十六圖

撲面掌（分一動）

（一）由前式右手手心向下，由左手外側翻轉落於左脇，同時左手上抬，俟右手落下，左手手心即翻轉向外，手指向右，用掌向前推出，同時左足前踏一步爲弓，右腿在後蹬直，如圖，（此勢足之起落須與手一致，左掌推出時，身體須隨之推進，）

第六十二圖
撲面掌
（一）

第六十三圖　十字擺蓮(一)

第六十四圖　十字擺蓮(二)

轉身十字擺蓮(分二動)

(一)由前式以左足掌爲軸,身體由右向後轉一百八十度,同時身體重力移於左腿上,左膝前曲,右足在左足前約一足之地,足尖着地,左臂在右臂上交叉於胸前,

(二)右足向左前方踢起,脚面崩直,向右成一環形落下,右足踢起時,左手以手背拍擊脚面,同時右手摟膝,兩手向左右分開,如圖一二

上步摟膝指襠捶（分一動）

右摟膝拗步同前十五圖

（此勢靈活為要，）

第六十五圖

摟膝指襠捶

（一）

（一）由前式左足前踏一步，在前為弓，右腿在後蹬直，左手手心向下摟左膝，同時右手為拳，向敵之襠間打出左手扶於右手脈門，兩眼注視右拳，如圖（此勢以腰脊力助右拳打出，但不可滯板，）

第六十六圖

上步騎鯨

(一)

上步攬雀尾同前二，三，四，五，圖

單　鞭同前六，七，圖

下式同前五十八，五十九，圖

上步騎鯨(分一動)

(一)由前式身體重力移於左腿上，稍向下蹲，右足前上一步，在左足前一足之地，足尖着地，兩手在頭之前上方交叉，左手手心向內，右手手心向外，兩手背相接，如圖)

此勢腰脊宜直不可前傾，)

退步跨虎（分一動）

第六十七圖
退步跨虎
（一）

（一）由前式右足向後撤一步，同時身體微向前傾，以足掌爲軸向右轉，左足收回在右足左側，足尖着地，兩腿稍向下蹲，同時兩手至左膝下前後分開，右手在前爲掌，手指向上，手心向左，手與眉齊，臂微直，左手在後下方，五指幷攏爲勾，兩眼向左平視，如圖，（此勢全身重力在右足上，）

轉身撲面掌（分一動）

（一）由前式以右足爲軸，身體向右轉，左足前踏一步在前爲弓，右腿在後蹬直，同時右手手心向下，由左手外側翻轉落於左脇，同時左手上抬，俟右手落下，手心卽翻轉向外，手指向右，用掌向前推出，兩眼向前平視，

同前六十二圖，

轉身雙擺蓮（分二動）

第六十八圖

轉身雙擺蓮

（一）

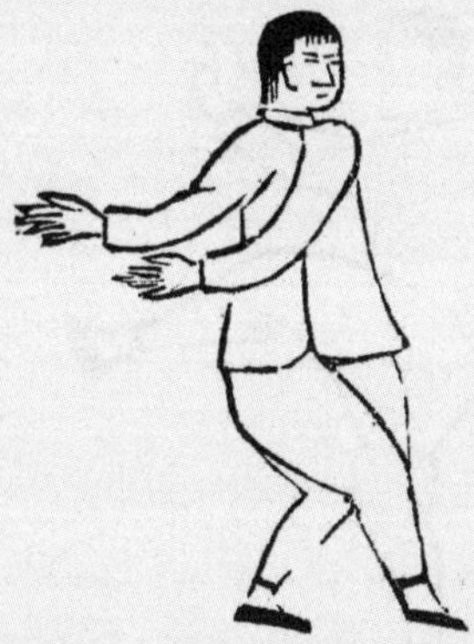

（一）由前式以左足根爲軸，由右向後轉一百八十度，重力移在左腿上，同時兩手橫移至體之右側，

第六十九圖

轉身擺蓮
（二）

（二）右足由左前方踢起，向右成一環形落下，同時兩手向左拘掛右脚面，如圖一二，（此勢宜靈活不可滯板），

第七十圖

右彎弓射虎
（一）

右彎弓射虎（分一動）

（一）由前式兩手向右向上走一環形至右上方•兩手爲拳•拳眼相對，手心向外，兩拳向左前下方打出，同時右腿前弓，左腿在後蹬直，上體微向左灣，兩眼注視兩拳，如圖，（此勢右脇宜伸展，）

第七十一圖

左彎弓射虎

（一）

左彎弓射虎（分一動）

（一）由前式兩拳向右落下爲掌，向左上方走一半環形至左上方爲拳同時左足向左前方上一大步，拳眼相對手心向外，兩拳向右前下方打出，左腿前弓，右腿在後蹬直，上體微向右灣，兩眼注視兩拳，如圖，

上步攬雀尾同前二，三，四，五，圖

單鞭同前六，七，圖

上步錯捶（分一動）

第七十二圖
上步錯捶
（一）

（一）由前式以兩足掌爲軸，身體向左轉，左手不動，右手爲拳，拳眼向上，落下貼於右脇，肘以下成水平，

（二）右拳向前平打，右足同時上一大步，右腿前弓，左腿在後蹬直，兩眼注視右拳，如圖，（此勢右拳打出時宜用腰脊力，）

攬雀尾同前，二，三，四，五，圖

單　鞭同前六，七，圖

合太極（分一動

第七十三圖　合太極（一）

（一）由前式兩手合於胸前，相離與肩寬相等，左足與右足靠攏，兩膝微曲，兩手下按，手心向下，手指向前同時兩腿漸次伸直與原預備式姿勢相同如圖

第八章　虛實開合論附圖

第一節

實非全然站煞，實中有虛，虛非全不着力，虛中有實，後二圖舉一身而言，雖是虛實之大概，究之週身無一寸無虛，又離不得此虛實，總要連絡不斷，以意使氣，以氣運勁，非身子亂挪，手足亂換也

，虛實卽是開合，走架打手，著著留心，愈練愈精，工彌久技彌尙矣，參攷附圖，

第八章 第二節 太極懂勁先後論

夫未懂勁之先，常出頂匾丟抗之病，既懂勁之後，恐出間斷接撞俯仰之病，然未懂勁，故然亦出勁，既懂勁何以出病乎，緣勁似懂未懂之際，正在兩可斷接無準矣，故出病，神明及猶不及，俯仰無着矣，亦出病，若不出斷接俯仰之病，非真懂勁弗能出也，胡爲真懂勁，因視聽無由，未得其確也，知瞻眇顧盼之視，覺起落緩急之聽，知閃還撩之運，轉換進退之動，則爲真懂勁，則爲接及神明，自攸往有由矣，有由者，於懂勁自能屈伸，動靜之妙，有屈伸動靜之妙，開合升降，又有由矣，由屈伸動靜，見入則開，遇出則合，看來則詳，就去則升，夫而後纔爲真接及神明也，神明豈可日後不愼

，行坐臥走，飲食溺溷之功，是所爲及中成大成也哉

第九章 第一節 推手歌

掤攦擠按須認真，上下相隨人難進，任他巨力來打我，牽動四兩撥千斤，引進落空合即出，粘連黏隨不丟頂，試觀耄耋能禦衆，俱係先天自然能，

又曰彼不動己不動，彼微動己先動，似鬆非鬆，將展未展，勁斷意不斷，

又曰行則動，動則變，變則化，化化無窮，

第九章 第二節 粘黏連隨說

粘者提高拔上之謂也，黏者留戀繾綣之謂也，連者舍己無離之謂也，隨者彼走此應之謂也，要知人之知覺運動，非明粘黏連隨不可，斯粘黏連隨之功夫，亦甚細矣，

第九章 第三節 太極輕重浮沉解

雙重爲病，乖於塡實，與沉不同也，雙重不爲病，自爾騰虛，與重不易也，雙浮爲病，祇如漂渺，與輕不例也，雙輕不爲病，天然輕靈，與浮不等也，半輕半重不爲病，偏輕偏重爲病，半者半有著落也，所以不爲病，偏者無著落也，所以爲病，偏無著落，心失方圓，半有著落，豈出方圓，半浮半沉，爲失於不及也，偏浮偏沉，失於太過也，半重偏重，滯而不正也，半輕偏輕，靈而不圓，半沉偏

沉，虛而不正也，半浮偏浮，茫而不圓，夫雙輕不進於浮，則爲輕靈，雙沉不進於重，則爲離虛，故曰上手輕重，半有著落，則爲平手，除此三者之外皆爲病，蓋內之虛靈不昧，能致於外氣之清明，流行乎肢體也，若不窮研輕重浮沉之手，徒勞掘井不及泉之嘆耳，然有方圓四正之手，表裏精粗無不到己，太極大成，又何云四隅出方圓矣，所謂方而圓，圓而方，超其象外，得其寰中之上手也，

第十章　太極四隅解

第一節

四正卽四方也，所謂掤攦擠按也，初不知方能使圓，方圓復始之理無已，焉能出隅之手矣，緣人外之肢體，內之神氣弗緝輕靈，方圓四正之功，始出輕重浮沉之病，則有隅矣，譬如半重偏重，滯而不

正，自然爲採挒擴攦之隅手，或雙壞實亦出隅手也，病多之手不得已，以隅手扶而歸圓中方正之手，雖然至底者擴攦。亦及此，以補其所以云爾，春後功夫能致上乘者，亦須獲採挒而仍歸大中至正矣，是四隅之所用者，因失體而缺云爾，

『掤攦擠按推手圖說』

掤

甲乙二人面對立。均左足前出約半步。右手伸出手腕互相抵觸。再將左手互扶右肘。甲將右臂向起揚謂之掤。（如物之掤起然也。）如圖

第七十四圖 掤(一)

甲 乙

第七十五圖 攦（二）

甲 乙

一〇〇（攦）

甲將右臂向起掤乙稱甲之掤時用右手掠住甲之右手左手扶住甲之右肘後方。同時向右後方攦甲之右臂。謂之攦（如物之伸長也）如圖

第七十六圖 擠 甲 乙 （三）

（擠）

乙掤甲之右臂時。甲稱乙之掤即將右臂彎曲將左手爲掌抵於右肘之內方。同時用力以肘抵觸乙之胸部。上體隨之前傾謂之擠。如圖

第七十七圖

按（四）

甲　乙

（按）

甲，用肘抵觸乙之胸部。

乙，同時將體稍向後撤。用兩手按住甲之右臂。左手扶於肘上右手扶於腕部。同時向下接住向前弓身推出（謂之按）如圖此推手法互相循還不已週而復始即爲掤擴擠按四方正也

第十章 第二節 頂匾丟抗論

頂者出頭之謂也，匾者不及之謂也丟者離開之謂也，抗者太過之謂也此四字之病要不明粘黏連隨，斷不明知覺運動也，初學推手不可不知也，更不可不去此病，所難者，粘黏連隨而不許頂匾丟抗，是所不易矣，

第十章 第三節 對待無病論

頂匾丟抗，失於對待也，所以爲之病者，既失粘黏連隨，何以獲知覺，運動既不知已焉能知人，所謂對待者，不以頂匾丟抗相對於人也，要以粘黏連隨等待於人也，能如是不但無對待之病，知覺運動

自然得矣，可以進於懂勁之功夫耳，

第十章　第四節　觀經悟會法

太極者非純功於易經不能得也，以易經一書，必須朝夕悟在心內，會在心中，超以象外，得其寰中，人所不知而己獨知之妙，若非得師一點心法之傳，如何能致使我手之舞之，樂在其中矣

茲將太極拳學理及功用與練習之身法，業已編成就序，惟太極劍，太極刀，太極槍等項，因時間迫促，惜未能編輯，誠爲憾事，俟得相當機會之時，再將劍刀槍之練習方法，全部續出，方爲完璧，以享同志，

四隅推手法

此推手法者採挒䀎（肘）𢴤四斜方大攦之謂也

惟練習時甲乙二人對立，均以右足前出半步，二人左右足尖對准上體微向前傾，二人均以左手伸出兩手腕互相抵觸，再以右手前出各互相扶左肘二人對視其動作互相進退循環不已，以求身體靈活，姿勢開展便利爲宜，

（動作）由前搭手甲向右後方（即西北方）退一大步兩手挒住乙之右臂乙乘甲之後退挒臂時急跟進左步用左肩𢴤甲之胸前，甲乘乙之𢴤急將左腿向左後方（即東北方）退一大步同時換挒乙之左臂用力向左下方切之，乙跟進左足插入甲之襠內用左䀎撞甲之腹部甲乘乙之掤時急將左足提起插入乙之左腿根內側兩手用力按住乙之左肘用

定採勁乙乘甲之採勁急將左足向左後方（即西南）退一大步兩手挒定甲之左臂，甲乘乙後退挒左臂時急跟進右足用左肩擠住乙之胸部乙乘甲之擠急右腿向右後方（卽東南方）退一大步兩手挒住甲之右臂向右下方切之甲乘乙之挒勁急右腿插入乙之襠內用右肘撞乙之腹部乙急將左足提起插入甲右腿根內側同時兩手按住甲之右肘用之採勁此謂之採挒𢴤擠也欲換式甲乘乙之採勁急用右掌擊乙之左耳乙乘甲之擊打時左足急向左後方退一大步（即西南方）兩手同時挒住甲之左臂甲乘乙後退時跟進左腿插入襠內用左肘撞乙之腹部乙急右足提起插入甲之左腿根內側兩手按定甲之左肘用之採勁甲再向後退時均同以上動作謂之四斜方大攦推手法也其動作腰腿須要用力進退變換須要迅速甲乙動作循還不已週而復始已補四正方之所不及也

採挒𢴤擠推手法終

天地之高厚。人物之繁雜。有天地。然後有人民。有人民。然後有國家。有國家。然後有庶事。庶事興。而萬民樂業。國因富强。且國家之富强。在乎黎庶之振作。振作主要精神。富强關係職業。若無有精神。則弱矣。人民弱。國何强。欲圖國家富强。須使人民各皆加之運動。如此精神有矣。國何不强。且文武分岐久遠。漸漸尤重。文人不識武業。武夫不通文理。文武兩學。似略有畛域之分。今國家振興庶務。百度維新。立學校。造就人才。然各學校加之運動。使文武並進。精神自然加增矣。人有言曰。武學與文學一理。理既同。何重文而輕武。然文人多有謂武術而粗猛。故不接近武學者誤矣。且武術門派。甚多。各有不同。有純主剛者。有主柔者。則太極一門。曰武當派。動作以柔軟爲主。練習時。毫無着力之處。

係順天地自然之理。運用一派純正之氣。勿論男女婦儒。及年近半百之人皆可練習。一無折腰曲腿之苦。二無躍高蹤險之勞。且不必短服扼腕。隨便常服均可從事。故成武業中之文雅也。今有彭老先生仁軒研究太極拳功十餘年矣。頗得其中之粵妙。今願將平生所學太極拳功著書傳流於世。一培我國强盛之基。二爲我同胞體育之進步也。余奉命爲跋不敢貢譽請閱者諸君指教是幸。

民國二十二年三月廿八日痴民王國樑謹跋

跋

中國國術，名稱甚夥，可分爲內外兩大宗派，其外家派雖繁玆特從略，不加詳焉，惟就內家派而言，太極經云，動轉須要靈活純用自然之力，懷抱八卦，足踏五行週身屈伸開合皆依陰陽爲基礎靜如山岳，動似江河，依式練習，滔滔不斷，猶如翻江搗海，動作務令沉著，以意爲君，骨肉爲臣，始能謂之懂勁，懂勁之後，而愈練愈精，從心所欲，致於接及神明，返於先天之理，如前代李道子，殷利亨莫谷聲程靈洗許宣平俞蓮舟諸先賢，已練爲上乘，竟得全體大用，其後以武事成名者，頗不乏人，由是觀之，太極係一種延年益壽之術，健全身體之功夫，今値書成，謹書數語敬告有志於斯道之同志深研其功定登壽域無窮耳

古瀛邵壽延彭順義謹跋

目录

三十二目杨家老谱

目录

八门五步

八门五步用功法

固有分明法

粘黏连随

顶匾丢抗

对待无病

对待用功法守中土

身形腰顶

太极圈

太极进退不已功

太极上下名天地

太极人盘八字歌

太极体用解

太极文武解

太极懂劲解

八五十三势长拳解

太极阴阳颠倒解

人身太极解

太极分文武三成解

太极下乘武事解

太极正功解

太极轻重浮沉解

下篇　太极拳详解

上篇　太极拳总纲目（王茂斋传太极功谱）

宋氏家传源流支派论

太极拳式名目

八字歌

三十七心会论

三十七周身大用论

十六关要论

功用歌

俞莲舟得授全体

授秘歌

太极别名十三式

程先生小九天法式

观经悟会法

用功五志

四性归源歌

宋氏家传太极功源流支派论　宋远桥绪记

所为后代学者不失其本也。自余而上溯，始得太极之功者，授业于唐于欢子许宣平也。至余为十四代焉。有断者，有继者。

许先师系江南徽州府歙县人。隐城阳山，即本府城南紫阳山，结檐南阳辟谷。身长七尺六，髯长至脐，发长至足，行及奔马。每负薪卖于市中，独吟曰："负薪朝出卖，沽酒日夕归。借问家何处？穿云入翠微。"李白访之不遇，题诗望仙桥而回。所传太极拳功，名三十七，因三十七式而名之。又名长拳者，所谓滔滔无间也。总名太极拳。三十七式名目书之于后。

四正	四隅	云手	弯弓射雁	挥琵琶
进搬拦	簸箕式	凤凰展翅	雀起尾	单鞭
上提手	倒撵猴头	搂膝拗步	肘下捶	转身蹬脚
上步栽捶	斜飞式	双鞭	翻身搬拦	玉女穿梭
七星八步	高探马	单摆莲	上跨虎	九宫步
揽雀尾	山通背	海底珍珠	弹指摆莲	
转身指点捶	双摆莲	金鸡独立	泰山生气	野马分鬃
如封似闭	左右分脚	挂树踢脚	八方掌	推碾
二起脚	抱虎推山	十字摆莲		

此通共四十三手。四正、四隅、九宫步、七星八步、双鞭、双摆莲在外，因自己多坐用的功夫。其余三十七数是先师之所传也。此式应一式炼成再炼一式，万不可心急齐用。三十七式，却无论何式先何式后，只要一一将式用成，自然三十七式皆化为相连不断矣，故谓之曰长拳。脚跐五行，怀藏八卦。脚之所在为中央之土，则可定乾南坤

北，离东坎西。掤捋挤按四正也，採挒肘靠四隅也。

八字歌

掤捋挤按世间稀，十个艺人十不知。
若能轻灵并坚硬，粘连黏随俱无疑。
採挒肘靠更出奇，行之不用费心思。
果能粘连黏随意，得其寰中不支离。

三十七心会论

腰脊为第一之主宰　猴头为第二之主宰
心地为第三之主宰　丹田为第一之宾辅
掌指为第二之宾辅　足掌为第三之宾辅

三十七周身大用论

一要心性与意静，自然无处不轻灵。
二要遍体气流行，一定继续不能停。
三要猴头永不抛，问尽天下众英豪。
如询大用缘何用？表里精粗无不到。

十六关要论

活泼于腰	机灵于顶	神通于背	不使气流行于气
行之于腿	蹬之于足	运之于掌	足之于指
敛之于髓	达之于神	凝之于耳	息之于鼻
呼吸往来于口	纵之于膝	浑噩一身	全体发之于毛

功用歌

轻灵活泼求懂劲，阴阳既济无滞病。
若想四两拨千斤，开合鼓荡主宰定。

俞家，江南宁国府泾县人。太极功，名曰先天拳，亦曰长拳，得唐李道子所传。道子系江南安庆人，至宋时与游酢莫逆。至明时，李道子常居武当山南岩宫，不火食，第啖麦麸数合，故又名夫子李也。见人不及他语，惟云“大造化”三字。既云唐人，何以知之明时之夫子李即是李道子先师也？缘余上祖游江南泾县俞家，方知先天拳亦如余家之三十七式，太极之别名也。而又知俞家是唐时李道子所传也，俞家代代相承之功。每岁往拜李道子庐，至宋时尚在也，越代不知李道子所往也。

至明时，余同俞莲舟游湖广襄阳府均州武当山，夫子李见之叫曰：“徒再孙焉往?”

莲舟抬头一看，斯人面垢正厚，发长至地，味臭。莲舟心怒，曰："尔言之太过也。吾观汝一掌必死耳。去罢！"

夫子云："徒再孙，我看看你这手！"

莲舟上前掤连捶，未依身，则起十丈许落下，未折坏筋骨。莲舟曰："你总用过功夫，不然能制我者鲜矣。"

夫子李曰："你与俞清慧、俞一诚认识否？"

莲舟闻之悚然："皆余上祖之名也。"急跪曰："原来是我之先祖师至也。"

夫子李曰："我在此几十韶光未语，今见你诚哉大造化也。授你如此如此。"

莲舟自此不但无敌，而后亦得全体大用矣。

余与俞莲舟、俞岱岩、张松溪、张翠山、殷利亨、莫谷声久相往来金陵之境。夫子李先师授俞莲舟秘歌云：

"无形无象，全身透空。应物自然，西山悬磬。虎吼猿鸣，水清河静。翻江播海，尽性立命。"

此歌余七人皆知其句。后余七人同往拜武当山夫子李不见，道经玉虚宫，在太和山元高之地见玉虚子张三丰也。张松溪、张翠山师也。身长七尺有余，须美如戟，寒暑为箬笠，日能行千里。自洪武初至太和山修炼。余七人共拜之，耳提面命月余后归。自此不绝往拜。玉虚子所传，惟张松溪、张翠山，拳名十三式，亦太极功别名也，又名长拳。十三式名目并论说列于后。

程灵洗，字元涤，江南徽州府休宁人。授业韩拱月，太极之功成大用矣。侯景之乱，惟歙州保全，皆灵洗力也。梁元帝授以本郡太守，卒谥忠壮。至程珌为绍熙中进士，授昌化主簿，累官，权吏部尚书，拜翰林学士。立朝刚正，风裁凛然，进封新安郡侯，以端明殿学士致仕卒。珌居家常平粜以济人，凡有利众者，必尽心焉。所著有《落水集》。珌将太极拳功立一名为小九天。虽珌之遗名小九天，书韩传者，不敢忘先师之授也。

小九天法式

七星八步	开天门	什锦背	提手	卧虎跳涧
单鞭	射雁	穿梭	白鹤升空	大挡捶
小挡捶	叶里花	猴顶云	揽雀尾	八方掌

观经悟会法

太极者非纯工于《易经》不能得也。以《易经》一书必须朝夕悟在心内，会在身中，超以象外，得其寰中。人所不知而独知之妙，若非得师一点心法之传，如何能致？我手之舞之，乐在其中矣。

用功五志

博学是多功夫　审问不是口问是听劲

慎思听而后留心相念　明辨生生不已　笃行如天行健

四性归源歌

世人不知己之性，何能得知人之性?
物性亦如人之性，至于天地亦此性。
我赖天地以存身，天地赖我以致局。
若能先求知我性，天地受我偏独灵。

后天法之缘起

胡镜子在扬州自称之名，不知姓氏，乃宋仲殊师也。仲殊，安州人，尝游姑苏台，柱上倒书一绝云：“天长地久任悠悠，你既无心我亦休。浪迹天涯人不管，春风吹笛酒家楼。”

仲殊所传殷利亨太极拳，名曰后天法，亦是掤捋挤按採挒肘靠也。然而式法名目不同，其功用则一。如一家分居，各有所为也，然而根本非两事也。

后天法目

阳肘	阴肘	遮阴肘	晾阳肘	肘里枪	肘开花
八方捶	阴五掌	阳五掌	单鞭肘	双鞭肘	卧虎肘
云飞肘	研磨肘	山通肘	两膝肘	一膝肘	

以上乃太极功各家名目。因余身临其境，并得良友往来相助，皆非作技艺观者。人也一家人，恐其久而差也，故笔之于书，以授后人玩索而有得焉，则终身用之有不能尽者矣。其余太极再有别名目拳法，惟太极则不能两说也。若太极说有不同，断乎不一家也。却无论功夫高低上下，一家人并无两家话也。自上之先师而上溯，其根源东方先生，再上而溯始孟子，当列国纷纷，固将立命之功，所谓“养我浩然之气”，“塞于天地之间”。欲大成者，则化功也，小成者，武事也。立命之道，非气体之充胡能也？由立命以尽性，至于穷神达化。自天子至于庶人，何莫非诚意正心修身始也？书及后世，万不可轻泄传人。若谓不传人，当年先祖师何以传至余家也？却无论亲朋远近，所传者，贤也！遵先师之命，不敢妄传，后辈如传人之时，必须想余绪记之心血与先师之训诲可也。

此书十不传

一不传外教

二不传无德

三不传不知师弟之道者

四不传守不住者

五不传半途而废者

六不传得宝忘师者

七不传无纳履之心者

八不传好怒好愠者

九不传外欲太多者

十不传匪事多端者

此书有四忌

忌饮过量之酒

忌当色者　夫妇之道要将“有别”字认清

忌无义之财

忌动不合中之气　一饮一啄在内

用功三小忌

吃食多　　水饮多　　睡时多

四刀　十三式

腾挪闪展　左顾右盼　白鹤亮翅　推窗望月　玉女穿梭

上三开　转身踢脚　打虎二起脚　斜身踢脚　蹲身飞脚

顺水推舟　下双鞭　卧虎跳涧

三十二目杨家老谱

目录

太极懂劲解

八五十三式长拳解

太极阴阳颠倒解

人身太极解

太极分文武三成解

太极下乘武事解

太极正功解

太极轻重浮沉解

太极四隅解

太极平准腰顶解

太极四时五气解图

太极血气根本解

太极力气解

太极尺寸分毫解

太极膜脉筋穴解

太极字字解

太极节拿抓闭尺寸分毫辨

太极补泻气力解

八门五步

掤南　捋西　挤东　按北　採西北　挒东南　肘东北　靠西南　方位

坎　离　兑　震　巽　乾　坤　艮　八门

方位八门乃为阴阳颠倒之理，周而复始，随其所行也。总之，四正四隅不可不知矣。夫掤、捋、挤、按是四正之手，採、挒、肘、靠是四隅之手。合隅正之手，得门位之卦。以身分步，五行在意，支撑八面。五行者，进步火、退步水、左顾木、右盼金，定之方中土也。夫进退为水火之步，顾盼为金木之步，以中土为枢机之轴。怀藏八卦，脚跐五行，手步八五，其数十三，出于自然。十三势也，名之曰八门五步。

八门五步用功法

八卦五行是人生成固有之良。必先明知觉运动四字之本，由知觉运动得之后，而后方能懂劲，由懂劲后自能接及神明。然用功之初，要知知觉运动虽固有之良，亦甚难得之于我也。

固有分明法

盖人降生之初，目能视，耳能听，鼻能闻，口能食，颜色、声音、香臭、五味皆天然知觉固有之良。其手舞足蹈于四肢之能，皆天然运动之良。思及此，是人孰无？因人性近习远，失迷固有。要想还我固有，非乃武无以寻运动之根由，非乃文无以得知觉之本原，是乃运动而知觉也。夫运而知，动而知，不运不觉，不动不知。运极则为动，觉盛则为知，动知者易，运觉者难。先求自己知觉运动得之于身，自能知人。要先求知人，恐失于自己。不可不知此理也，夫而后懂劲然也。

粘黏连随

粘者，提上拔高之谓也。黏者，留恋缱绻之谓也。

连者，舍己无离之谓也。随者，彼走此应之谓也。

要知人之知觉运动，非明粘黏连随不可，斯粘黏连随之功夫亦甚细矣。

顶匾丢抗

顶者，出头之谓也。匾者，不及之谓也。

丢者，离开之谓也。抗者，太过之谓也。

要知于此四字之病，不但粘黏连随，断不明知觉运动也。初学对手不可不知也，更不可不去此病。所难者，粘黏连随而不许顶匾丢抗，是所不易矣。

对待无病

顶匾丢抗，失于对待也。所以为之病者，既失粘黏连随，何以获知觉运动？既不知己，焉能知人？所谓对待者，不以顶匾丢抗相对于人也，要以粘黏连随等待于人也。能如是，不但无对待之病，知觉运动自然得矣，可以进于懂劲之功矣。

对待用功法守中土俗名站樁

定之方中足有根，先明四正进退身。
掤捋挤按自四手，须费功夫得其真。
身形腰顶皆可以，粘黏连随意气均。
运动知觉来相应，神是君位骨肉臣。
分明火候七十二，天然乃武并乃文。

身形腰顶

身形腰顶岂可无？缺一何必费工夫。
腰顶穷研生不已，身形顺我自伸舒。
舍此真理终何极？十年数载亦糊涂。

太极圈

退圈容易进圈难，不离腰顶后与前。
所难中土不离位，退易进难仔细研。
此为动功非站定，倚身进退并比肩。
能如水磨摧急缓，云龙风虎象周旋。
要用天盘从此觅，久而久之出天然。

太极进退不已功

掤进捋退自然理，阴阳水火相既济。
先知四手得来真，採挒肘靠方可许。
四隅从此演出来，十三势架永无已。
所以因之名长拳。
任君开展与收敛，千万不可离太极。

太极上下名天地

四手上下分天地，採挒肘靠由有去。
採天靠地相应求，何患上下不既济。
若使挒肘习远离，迷了乾坤遗叹惜。
此说亦明天地盘，进用肘挒归人字。

太极人盘八字歌

八卦正隅八字歌，十三之数不几何。
几何若是无平准，丢了腰顶气叹哦。
不断要言只两字，君臣骨肉细琢磨。
功夫内外均不断，对待数儿岂错他?
对待于人出自然，由兹往复于地天。
但求舍己无深病，上下进退永连绵。

太极体用解

理为精气神之体，精气神为身之体。身为心之用，劲力为身之用。心身有一定之主宰者，理也。精气神有一定之主宰者，意诚也。诚者，天道，诚之者，人道，俱不外意念须臾之间。要知天人同体之理，自得日月流行之气。其气意之流行，精神自隐，微乎理矣。夫而后言乃武乃文、乃圣乃神，则得矣。若特以武事论之于心身，用之于劲力，仍归于道之本也。故不得独以末技云尔。

劲由于筋，力由于骨。如以持物论之，有力能执数百斤，是骨节皮毛之外操也，故有硬力。如以全体之有劲，似不能持几斤，是精气之内壮也。虽然若是，功成后犹有妙出于硬力者，修身体育之道有然也。

太极文武解

文者，体也；武者，用也。文功在武用精气神也，为之体育；武功得文体于心身也，为之武事。夫文武尤有火候之谓，在放卷得其时中，体育之本也；文武使于对待之际，在蓄发当其可者，武事之根也。故云武事文为，柔软体操也，精气神之筋劲；武事武用，刚硬武事也，心身之骨力也。文无武之预备，为之有体无用；武无文之伴侣，为之有用无体。如独木难支，孤掌不响。不惟体育武事之功，事事诸如此理也。文者，内理也；武者，外数也。有外数无文理，必为血气之勇，失于本来面目，欺敌必败尔；有文理无外数，徒思安静之学，未知用的採战，差微则亡耳！自用于人，文武二字之解岂可不解哉？

太极懂劲解

自己懂劲，接及神明，为之文成。而后采战身中之阴，七十有二，无时不然。阳得其阴，水火既济，乾坤交泰，性命葆真矣。于人懂劲，视听之际，遇而变化，自得曲诚之妙形，著明于不劳运动觉知也。功至此可为攸往咸宜，无须有心之运用耳。

八五十三势长拳解

自己用功，一势一式，用成之后，合之为长，滔滔不断，周而复始，所以名长拳也。万不得有一定之架子，恐日久入于滑拳也，又恐入于硬拳也。决不可失其绵软。周身往复，精神意气之本，用久自然贯通，无往不至，何坚不摧也。于人对待四手当先，亦自八门五步而来。跕四手，四手碾磨，进退四手，中四手，上下四手，三才四手，由下乘长拳四手起，大开大展，炼至紧凑屈伸自由之功，则升之中上乘矣。

太极阴阳颠倒解

阳：乾、天、日、火、离、放、出、发、对、开、臣、肉、用、气、身、武立命、方、呼、上、进、隅

阴：坤、地、月、水、坎、卷、入、蓄、待、合、君、骨、体、理、心、文尽性、圆、吸、下、退、正

盖颠倒之理，水火二字详之则可明。如火炎上、水润下者。水能使火在下而用水在上，则为颠倒。然非有法治之则不得矣。譬如水入鼎内而治火之上，鼎中之水得火以然之，不但水不能下润，藉火气水必有温时；火虽炎上，得鼎以隔之，是为有极之地，不使炎上，炎火无止息，亦不使润下之水永渗漏，此所为水火既济之理也，颠倒之理也。若使任其火炎上水润下，必至水火必分为二，则为水火未济也。故云分而为二、合之为一之理也。故云一而二、二而一。总斯理为三，天地人也。明此阴阳颠倒之理，则可与言道。知道不可须臾离，则可与言人。能以人弘道，知道不远人，则可与言天地同体，上天下地，人在其中矣。苟能参天察地，与日月合其明，与五岳四渎华朽，与四时之错行，与草木并枯荣，明鬼神之吉凶，知人事兴衰，则可言乾坤为一大天地，人为一小天地也。夫如人之身心，致知格物于天地之知能，则可言人之良知良能。若思不失固有，其功用“浩然正气”，“直养无害”，“悠久无疆”矣。所谓人身生成一小天地者，天也，性也，地也，命也，人也，虚灵也，神也。若不明之者，乌能配天地为三乎？然非尽性立命、穷神达化之功，胡为乎来哉？

人身太极解

人之周身，心为一身之主宰。主宰，太极也。二目为日月，即两仪也。头像天，足像地，人中之人及中腕合之为三才也。四肢，四象也。肾水、心火、肝木、肺金、脾土皆属阴，膀胱水、小肠火、胆木、大肠金、胃土皆阳也，兹为内也。颅丁火，地阁承浆水，左耳金，右耳木，两命门也，兹为外也。神出于心，目眼为心之苗；精出于肾脑，肾为精之本；气出于肺，胆气为肺之原。视思明，心动神流也；听思聪，脑动肾滑也。鼻之息香臭，口之呼吸出入，水咸、木酸、土辣、火苦、金甜，及言语声音，木亮、火焦、金润、土塕、水漂，鼻息口呼之味，皆气之往来，肺之门户。肝胆巽震之风雷，发之声音，出入五味。此言口、目、鼻、舌、神、意，使之六合，以破六欲也，此内也。手、足、肩、膝、肘、胯，亦使六合，以正六道也，此外也。眼、耳、鼻、口、大小便、肚脐，外七窍也。喜、怒、忧、思、悲、恐、惊，内七情也，七情皆以心为主。喜心、怒肝、忧脾、悲肺、恐肾、惊胆、思小肠、怕膀胱、愁胃、虑大肠，此内也。夫离南正午火心经，坎北正子水肾经，震东正卯木肝经，兑西正酉金肺经，乾西北隅金大肠化水，坤西南隅土脾化土，巽东南隅胆木化土，艮东北隅胃土化火，此内八卦也。外八卦者，二四为肩，六八为足，上九下一，左三右七也。坎一、坤二、震三、巽四、中五、乾六、兑七、艮八、离九，此九宫也。内九宫亦如此。表里者，乙肝左肋化金通肺，甲胆化土通脾，丁心化木中胆通肝，丙小肠化水通肾，己脾化土通胃，戊胃化火通心，后背前胸，山泽通气，辛肺右肋化水通肾，庚大肠化金通肺，癸肾下部化火通心，壬膀胱化木通肝，此十天干之内外也。十二地支亦如此之内外也。明斯理，则可与言修身之道矣。

太极分文武三成解

盖言道者，非自修身无由得成也。然又分为三乘之修法。乘者，成也。上乘即大成也，下乘即小成也，中乘即诚之者成也。法分三修，成功一也。文修于内，武修于外。体育，内也；武事，外也。其修法内外表里，成功集大成即上乘也。由体育之文而得武事之武，或由武事之武而得体育之文，即中乘也。然独知体育不入武事而成者，或专武事不为体育而成者，即小成也。

太极下乘武事解

太极之武事，外操柔软，内含坚刚，而求柔软。柔软之于外，久而久之，自得内之坚刚，非有心之坚刚，实有心之柔软也。所难者，内要含蓄坚刚而不施，外终柔软而迎敌，以柔软而应坚刚，使坚刚尽化无有矣。其功何以得乎？要非粘黏连随已成，自得运动知觉，方为懂劲，而后神而明之，化境极矣。夫四两拨千斤之妙，功不及化境，将何以能？是所谓懂粘连，得其视听轻灵之巧耳。

太极正功解

太极者，元也，无论内外上下左右，不离此元也。太极者，方也，无论内外上下左右不离此方也。元之出入，方之进退，随方就元之往来也。方为开展，元为紧凑。方元规矩之至，其就能出此以外哉？如此得心应手，仰高钻坚，神乎其神，见隐显微，明而且明，生生不已，欲罢不能。

太极轻重浮沉解

双重为病，干于填实，与沉不同也。双沉不为病，自尔腾虚，与重不易也。双浮为病，祇如漂渺，与轻不例也。双轻不为病，天然清灵，与浮不等也。半轻半重不为病，偏轻偏重为病。半者，半有着落也，所以不为病；偏者，偏无着落也，所以为病。偏无着落，必失方圆；半有着落，岂出方圆？半浮半沉为病，失于不及也。偏浮偏沉，失于太过也。半重偏重，滞而不正也。半轻偏轻，灵而不圆也。半沉偏沉，虚而不正也。半浮偏浮，茫而不圆也。夫双轻不近于浮则为轻灵，双沉不近于重则为离虚，故曰上手。轻重半有着落，则为平手。除此三者之外，皆为病手。盖内之虚灵不昧，能致于外气之清明，流行乎肢体也。若不穷研轻重浮沉之手，徒劳掘井不及泉之叹耳。然有方圆四正之手，表里精粗无不到，则已极大成，又何云"四隅出方圆"矣。所谓"方而圆，圆而方""超乎象外，得其寰中"之上手也。

太极四隅解

四正即四方也，所谓掤捋挤按也。初不知方能使圆、方圆复始之理无已，焉能出隅之手矣？缘人外之肢体，内之神气，弗绑轻灵方圆，四正之功，始出轻重浮沉之病，则有隅矣。譬如半重偏重，滞而不正，自然为採挒肘靠之隅手，或双重填实，亦出隅手也。病多之手，不得已以隅手扶之而归圆中。方正之手，虽然至底者，肘靠亦及此，以补其所以云尔。春后功夫能致上乘者，亦须获採挒而仍归大中至正矣。是四隅之所用者，因失体而补缺云云。

太极平准腰顶解

顶如准，故云顶头悬也。两手即平左右之盘也，腰即平之根株也。立如平准，所谓轻重浮沉、分厘丝毫则偏，显然矣。有准顶头悬，腰之根下株、尾闾至囟门也。上下一条线，全凭两平转。变换取分毫，尺寸自己辨。车轮两命门，一纛摇又转。心令气旗使，自然随我便。满身轻利者，金刚罗汉炼。对待有往来，是早或是晚。合则放发去，不必凌霄箭。涵养有多少，一气哈而远。口授须秘传，开门见中天。

太极四时五气解图

夏火呵南

春木嘘东  西呬金秋

北吹水冬

吸呼

土中央

太极血气根本解

血为营，气为卫，血流行于肉、膜、络，气流行于骨、筋、脉。筋甲为骨之余，发毛为血之余。血旺则发毛盛，气足则筋甲壮。故血气之勇力出于骨皮毛之外壮，气血之体用出于肉筋甲之内壮。气以血之盈虚，血以气之消长，消长盈虚，周而复始，终身用之不能尽者矣。

太极力气解

气走于膜络筋脉，力出于血肉皮骨。故有力者皆外壮于皮骨，形也；有气者是内壮于筋脉，象也。气血功于内壮，血气功于外壮。要之，明于气血二字之功能，自知力气之由来矣。知气力之所以然，自能用力、行气之分别。行气于筋脉，用力于皮骨，大不相侔也。

太极尺寸分毫解

功夫先炼开展，后炼紧凑。开展成而得之，才讲紧凑。紧凑得成，才讲尺寸分毫。由尺住之功成，而后能寸住、分住、毫住，此所谓尺寸分毫之理也，明矣。然尺必十寸，寸必十分，分必十毫，其数在焉。故云：对待者，数也。知其数，则能得尺寸分毫也。要知其数非秘授而能量之者哉?

太极膜脉筋穴解

节膜、拿脉、抓筋、闭穴，此四功由尺寸分毫得之后而求之。膜若节之，血不周流；脉若拿之，气难行走；筋若抓之，身无主地；穴若闭之，神昏气暗。抓膜节之半死，申脉拿之似亡，单筋抓之劲断，死穴闭之无生。总之，气血精神若无，身何有主也？如能节拿抓闭之功，非得点传不可。

太极字字解

挫揉捶打（于己、于人），按摩推拿（于己、于人），开合升降（于己、于人），此十二字皆用手也。屈伸动静（于己、于人），起落缓急（于己、于人），闪还撩了（于己、于人），此十二字，于己气也，于人手也。转换进退（于己身也，于人步也），顾盼前后（于己目也，于人手也），即瞻前眇后，左顾右盼也，此八字关乎神矣。断接俯仰，此四字关乎意劲也。接关乎神气也，俯仰关乎手足也。劲断意不断，意断神可接，劲意神俱断则俯仰矣，手足无着落耳。俯为一叩，仰为一反而已矣。不使叩反，非断而复接不可。对待之字，以俯仰为重，时刻在心身手足，不使断之无接，则不能俯仰也。求其断接之能，非见隐显微不可。隐微似断而未断，见显似接而未接。接接断断，断断接接，其意心身体神气极于隐显，又何虑不粘黏连随哉？

太极节拿抓闭尺寸分毫辨

对待之功，既得尺寸分毫于手，则可量之矣。然不论节拿抓闭之手易，若节膜、拿脉、抓筋、闭穴则难，非自尺寸分毫量之不可得也。节不量，由按而得膜；拿不量，由摩而得脉；抓不量，由推而得拿；闭非量，而不能得穴。由尺盈而缩之寸分毫也。此四者虽有高授，然非自己功夫久者，无能贯通焉。

太极补泻气力解

补泻气力于自己难，补泻气力于人亦难。补自己者，知觉功亏则补，运动功过则泻，所以求诸己不易也。补于人者，气过则补之，力过则泻之，此胜彼败，所由然也。气过或泻，力过或补，其理虽一，然其有详。夫过补为之过上加过，遇泻为之缓，他不及他必更过，仍加过也。补气泻力于人之法，均为加过于人矣。补气名曰结气法，泻力名曰空力法。

太极空结挫揉论

有挫空、挫结、揉空、揉结之辨。挫空者则力隅矣；挫结者则气断矣；揉空者则力分矣；揉结者则气隅矣。若结揉挫则气力反；空揉挫则力气败；结挫揉则力盛于气，力在气上矣；空挫揉则气盛于力，气过力不及矣。挫结揉、揉结挫，皆气闭于力矣。挫空揉、揉空挫，皆力凿于气矣。总之，挫结揉空之法，亦必由尺寸分毫量能如是也，不然无地之挫揉，平虚之灵结，亦何由致于哉？

懂劲先后论

夫未懂劲之先，长出顶匾丢抗之病；既懂劲之后，恐出断接俯仰之病。然未懂劲故然病亦出，劲既懂何以出病乎？缘劲似懂未懂之际，正在两可，断接无准矣，故出病。神明及犹不及，俯仰无着矣，亦出病。若不出断接俯仰之病，非真懂劲弗能不出也。胡为真懂？因视听无由，未得其确也。知瞻眇顾盼之视，觉起落缓急之听，知闪还撩了之运，觉转换进退之动，则为真懂劲，则能接及神明，及神明自攸往有由矣。有由者，由于懂劲，自得屈伸动静之妙。有屈伸动静之妙，开合升降又有由矣。由屈伸动静，见入则开，遇出则合，看来则降，就去则升，夫而后才为真及神明也。明也，岂可日后不慎行坐卧走、饮食溺溷之功？是所为及中成、大成也哉。

尺寸分毫在懂劲后论

在懂劲先，求尺寸分毫，为之小成，不过末技武事而已。所谓能尺于人者，非先懂劲也。如懂劲后，神而明之，自然能量尺寸，尺寸能量才能节拿抓闭矣。知膜脉筋穴之理，要必明存亡之手。知存亡之手，要必明生死之穴。其穴之数，安可不知乎？知生死之穴数，乌可不明闭而不生乎？乌可不明闭而无生乎？是所谓二字之存亡，一闭之而已尽矣。

太极指掌捶手解

自指下之腕上，里者为掌，五指之首为之手，五指皆为指，五指权里，其背为捶。如其用者，按、推，掌也；拿、揉、抓、闭，俱用指也；挫、摩，手也；打，捶也。夫捶有搬拦，有指裆，有肘底，有撇身，四捶之外有覆捶。掌有搂膝，有换转，有单鞭，有通背，四掌之外有串掌。手有云手，有提手，有滚手，有十字手，四手之外有反手。指有屈指，有伸指，有捏指，有闭指，四指之外有量指，又名尺寸指，又名觅穴指。然指有五指，有五指之用。首，指为手仍为指，故又名手指。其一用之为旋指旋手，其二用之为提指提手，其三用之为弓指弓手，其四用之为中合手指。四手指之外为独手独指也。食指为卞指，为剑指，为佐指，为粘指。中正为心指，为合指、为钩指、为抹指。无名指为全指，为环指，为代指，为扣指。小指为帮指，补指，媚指，挂指。若此之名，知之易而用之难。得口诀秘法亦不易为也。其次，有如对掌、推山掌、射雁掌、晾翅掌，似闭指、拗步指、弯弓指、穿梭指，探马手、弯弓手、抱虎手、玉女手、跨虎手，通山捶、叶下捶、背反捶、势分捶、卷挫捶。再其次，步随身换，不出五行，则无失错矣。因其粘连黏随之理，舍己从人，身随步自换，只要无五行之舛错，身形脚势出于自然，又何虑些须之病也？

口授穴之存亡论

穴有存亡之穴，要非口授不可。何也？一因其难学，二因其关乎存亡，三因其人才能传。第一不授不忠不孝之人，第二不传根柢不好之人，第三不授心术不正之人，第四不传卤莽灭裂之人，第五不授目中无人之人，第六不传知礼无恩之人，第七不授反复无常之人，第八不传得易失易之人。此须知八不传，匪人更不待言矣。如其可以传，再口授之秘诀。传忠孝知恩者，心气和平者，守道不失者，真以为师者，始终如一者。此五者，果其有始有终，不变如一，方可将全体大用之功授之于徒也。明矣！于前于后，代代相继，皆如是之所传也。噫！抑亦知武事中乌有匪人哉?

张三丰承留

天地即乾坤，伏羲为人祖。画卦道有名，尧舜十六母。微危允厥中，精一及孔孟。神化性命功，七二乃文武。授之至予来，字着宣平许。延年药在身，元善从复始。虚灵能德明，理令气形具。万载咏长春，心兮诚真迹。三教无两家，统言皆太极。浩然塞而冲，方正千年立。继往圣永绵，开来学常续。水火既济焉，愿至戌毕字。

口授张三丰老师之言

予知三教归一之理，皆性命学也，皆以心为身之主也。保全心身，永有精气神也。有精气神，才能文思安安、武备动动，乃文乃武。大而化之者，圣神也。先觉者得其寰中，超乎象外矣。后学者以效先觉之所知能，其知能虽人固有之知能，然非效之不可得也。夫人之知能，天然文武。目视耳听，天然文也；手舞足蹈，天然武也。孰非固有也？明矣。前辈大成，文武圣神，授人以体育修身，进之不以武事修身，传之至予，得之手舞足蹈之採战，借其身之阴以补助身之阳。身之阳，男也；身之阴，女也，然皆于身中矣。男之身只一阳，男全体皆阴女，以一阳採战全体之阴女。故云“一阳复始”。斯身之阴女不独七二，以一姹女配婴儿之名，变化千万姹女採战之可也。亦安有男女后天之身以补之者？所谓自身之天地以扶助之，是为阴阳採战也。如此者，是男子之身皆属阴，而採自身之阴、战己身之女，不如两男之阴阳对待修身速也。予及此传于武事，然不可以末技视，依然体育之学，修身之道，性命之功，神圣之境也。今夫两男对待採战，于己身之採战，其理不二。己身亦遇对待之数，则为採战也，是为汞铅也。于人对战，坎离之阴阳，兑震阳战阴也，为之四正；乾坤之阴阳，艮巽阴採阳也，为之四隅。此八卦也，为之八门。身足位列中土，进步之阳以战之，退步之阴以採之，左顾之阳以採之，右盼之阴以战之。此五行也，为之五步。共为八门五步也。夫如是予授之尔，终身用之不能尽之矣。又至予得武继武，必当以武事传之而修身也。修身入首，无论武事文为，成功一也。三教三乘之原，不出一太极。愿后学以易理格致于身中，留于后世可也。

张三丰以武事得道论

盖未有天地先有理，理为气之阴阳主宰，主宰理以有天地，道在其中。阴阳气道之流行，则为对待。对待者阴阳也，数也。一阴一阳之为道。道无名天地始，道有名万物母。未有天地之前，无极也，无名也；既有天地之后，有极也，有名也。然前天地者曰理，后天地者曰母，是乃理化先天阴阳气数，母生后天胎卵湿化，位天地，育万物，道中和然也。故乾坤为大父母，先天也；爹娘为小父母，后天也。得阴阳先后天之气以降生身，则为人之初也。夫人身之来者，得大父母之命性赋理，得小父母之精血形骸，合先后天之身命，我得而成人也。以配天地为三才，安可失性之本哉？然能率性则本不失，既不失本来面目，又安可失身体之去处哉？夫欲寻去处，先知来处，来有门，去有路，良有以也。然有何以之，以之固有之知能，无论知愚贤否，固有知能皆可以之进道。既能修道，可知来处之源，必能去处之委，来源去委既知，能必明身不修。故曰：自天子至于庶人一是，皆以修身为本。夫修身以何？以之良知良能，视目听耳，曰聪曰明，手舞足蹈，乃武乃文，致知格物，意诚心正。心为一身之主，正意诚心。以足蹈五行，手舞八卦，手足为之四象。用之殊途，良能还原，目视三合，耳听六道。目耳亦是四形体之一表，良知归本，耳目手足，分而为二，皆为两仪，合之为一，共为太极。此由外敛入之于内，亦自内发出之于外也。能如是，表里精粗无不到，豁然贯通，希贤希圣之功自臻于曰睿曰智，乃圣乃神。所谓尽性立命，穷神达化，在兹矣。然天道、人道，一诚而已矣。

中篇　太极功同门录

王君茂斋

序

义侠之行，至中国武术家极矣。挟其技以相角者，一较而败，继起报复者，有人又败，则报者又继之。盖愈败而报者愈奋，若手足之捍头目，亲昆弟之相保爱。问其所以，则彼与彼同盟或为同门，而同门之情尤挚一。夫被挠群焉，为奇耻大辱，最后而其师亲问罪亏。故老聚谈作下酒物，听者骇然、耸然、勃然、忿然，终乃快然、怃然，若目击其事，重其侠慕其义者。太极拳同门录之列其义侠之表著者乎？夫中国武术宗派不同，太极拳乃派之一耳。吾愿肄武术者合诸派为一录，相亲相爱如同气，裂冠毁冕者合群力以除之。弭内乱，御外侮，功名赫赫，讵有限量？则斯录之刊，吾国强之嚆矢也夫！

己巳孟秋，何纯舒序于北平官廨

序

吾国拳术一道，由来甚古。《诗》有“无拳无勇”之词，《管子》有“有拳勇股肱之力秀出于众者，则以告”之语，是拳勇之见诸经传子部者。至发源于何时，则不得其详，亦未识与今之拳术优劣何似。今之拳术约出于唐宋间，分武当、少林二派，率传习于僧众间，授之外人焉。武当一派纯以气为主，以静制动，以柔制刚，犯者辄仆，所谓内家拳也。今之太极拳是纵横变化，神妙无端，浑然为一气之涵，习之精可通神明，使敌无间可入，诚深合于太极之义矣。昔之最精斯技者首推张三丰，习太极拳者靡能企及。自是而后，今有闻人，吾国绝技赖以不坠。王君茂斋者，今之振奇人也，精斯技，得广平杨班侯先生之高弟全君保亭之真传，先生固直造张三丰之室者也。王君天性醇笃，重然诺，有古侠士风。年逾六十而精神焕发，少年多不及。是不惟擅技击之长，且深合延年养生之道矣。君怀绝技殊不自秘，有请益者无不悉心相授，以期国技之日昌。列门墙称弟子者不下数十人，声应气求，于是有同门录之辑，亦联情感，便切磋也。辑录阮成，天津刘君璧人属予为之叙，刘君亦醰于斯技，复方请益于王君者。予愧于斯道，费然无所喻，而固知太极拳术乃吾国绝技，为用至宏。盖非日本之角扑、柔术，欧美之击剑、决斗，徒以力胜者所能望其项背，是所谓合于道者矣。深望诸君发挥而光大之，使人人具健儿身手，强种强国，端赖于斯，庶不负王君陶成之意也夫！是为序。

中华民国十有八年二月，古皖钟鹏年识于旧都

序

夫国之强也，以民族强弱为转移；而民族之强弱，又端赖人民之健强否，于是武术健身之法尚焉。中国立国最古，击技之术源流最远，拳术为强身之良法，而派别甚夥。太极、八卦、通臂、弹腿、少林、形意，比比皆是。而求却病延年、以柔克刚者，又非太极拳术莫属。遥溯太极拳术，自张三丰先生以降，名师辈出，至今衣被天下，教化寰宇，门徒之众为各家冠。不有同学之录，则易流于散漫，日后相遇不相识，反形太极门之弱，故积极有同学录之举。考同学录之法，盖源于科举时代之同门录，披天下各郡之士同取于一科者，本未谋面，且未相识，犹复有同门录之举。而太极拳术同出一系，同习一术，不有同学录，何以彰之？是太极门同学录之不可不作者也。今既有此盛事，足昭同门之大名，二足示外人以吾门之盛，安可不记之哉！是为序。

戊辰正月二十五日，金受申拜序

序

己巳岁春间，同门兄彭仁轩召我，谓拟将同门兄弟，以及所宗师之长者姓名、籍贯，一切付诸石印，名《同学录》。犹昔之所谓宗谱，而此不过不及远求，只讲近技，俾免失谬而已。且借是以序长幼，而不致同门相失也。毓璋闻之，深以为然。夫武当内家之学，其始也不过能壮身健骨，其极也固足以阶及神明。得其妙用，寿人寿世。明代以还，世多传者。自祖师张三丰传王宗岳，以后逮及满清，有杨六先生禄躔独得全体。先生之子钰（班侯）、鑑（健侯），克振箕裘，能述其事。当是时，王公工贾景慕从之学，而成名者不知凡几。先师祖全公佑，班侯先生之高足，而受艺于六先生较多，技之精妙，不可名状。是由于杨氏之学有所本也，此及全公之子吴鑑泉夫子，之徒王茂斋师伯、郭松亭师叔，各有所得，皆名世上。现大江南北，知吾夫子之名者，莫不思一瞻采丰。今远游沪滨，声名尤振。所学若无所根砥，则何足以发扬光大而致此盛名哉？仁轩之所以辑此录者，亦可谓是保我宗系之要籍，而联情谊以相研摩，俾广其学之指归乎？毓璋初学，未闻妙旨，笔墨所及，言多无识，进而教之，幸甚幸甚。

后学杨毓璋谨叙

序

吾国拳术之宗派繁多，技亦各异，在世界各国武术中占有最优之地位。如日本之角扑与柔术，欧美之击剑与决斗，亦何非健儿身手?然较之吾国之拳术，则不啻小巫见大巫矣。缘吾国国术之能享有盛名者，无论其为任何宗派，绝不类东西各国纯恃气力而为，击技皆各具有操奇之术，其术至精至伟，变化万端。故学者非有慧心、具毅力者，不能得其三昧，而尤以太极拳为尤甚。盖太极拳术之特点为炼神入骨、以柔克刚，与其他拳术适成反比例。故自唐张三丰祖师首传此术以来，已历一千余载，迨至晚近而能益臻隆盛者，足征其有特殊之价值。郭翁松亭与家君为至友，精于斯术。先生尝与王先生茂斋、吴先生鑑泉，同受业于吴先生之乃翁全先生保亭，而保亭先生又与万春、凌山二君得广平杨班侯先生之真传者也。独此一派，至今为最盛。盖茂斋先生磊落光明，有侠者风，故愿受教拜门墙者凡数十人。今方有同门录之辑，将以昭王、吴、郭三先生之诲人不倦也。余则方进而受业于松亭先生，执弟子焉。适躬逢盛事，嘱余为序，爰不揣固陋，谨书数语于简端。此外凌山君之友纪子修先生，亦尝工太极拳术，任学校教席数年，颇负声誉。其从子吴君彦卿及赵君静怀，皆承其学。彦卿先生为余业师，能文章，复精技击，均为致力于太极拳术者，例得附书，以示太极拳术中济济多才也。

中华民国十八年一月十五日，

北平李翰章记于北海公园庆霄楼

太极拳经

武当山先师张三丰王宗岳留传

太极拳论

太极者，由无极而生，阴阳之母也。动之则分，静之则合。无过不及，随曲就伸。人刚我柔谓之走，我顺人背谓之粘。动急则急应，动缓则缓随。虽变化万端，而理为一贯。由着熟而渐悟懂劲，由懂劲而阶及神明。然非用之久，不能豁然贯通焉。须领顶劲，气沉丹田，不偏不倚，忽隐忽现。左重则左虚，右重则右杳。仰之则弥高，俯之则弥深，进之则愈长，退之则愈促。一羽不能加，蝇虫不能落，人不知我，我独知人。英雄所向无敌，盖皆由此而及也。斯技旁门甚多，虽势有区别，概不外乎壮欺弱、慢让快耳。有力打无力，手慢让手快，是皆先天自然之能，非关学力而有为也。察四两拨千斤之句，显非力胜；观耄耋能御众之形，快何能为？立如平准，活似车轮。偏沉则随，双重则滞。每见数年纯功不能运化者，率皆自为人制，双重之病未悟耳。欲避此病，须知阴阳。粘即是走，走即是粘。阴不离阳，阳不离阴。阴阳相济，方为懂劲。懂劲后愈练愈精，默识揣摩，渐至从心所欲。本为舍己从人，多误舍近求远。所谓谬之毫厘，差之千里，学者不可不详辨焉！是为论。

右系武当山张三丰老师遗论，欲天下豪杰延年益寿，不徒作技艺之末也。

此论切要，句句在心，并无一字敷衍陪衬，非有夙慧者不能悟也。先师不肯妄传，非独择人，亦恐枉费工夫。

（此二则疑王宗岳先生所注，特低一格以别于本论）

太极拳十三势名目

预备式	揽雀尾	单鞭	提手上势
白鹤晾翅	搂膝拗步	手挥琵琶式	进步搬拦捶
如封似闭	抱虎归山	十字手	揽雀尾
斜单鞭	肘底看捶	倒撵猴	斜飞式
提手上势	白鹤晾翅	搂膝拗步	海底针
扇通背	撇身捶	卸步搬拦捶	揽雀尾
单鞭	云手	单鞭	左高探马
右分脚	右高探马	左分脚	转身蹬脚
搂膝拗步	进步栽捶	翻身撇身捶	二起脚
左右打虎式	披身踢脚	双风贯耳	进步蹬脚
转身蹬脚	上步搬拦捶	如封似闭	抱虎归山
十字手	揽雀尾	斜单鞭	野马分鬃
玉女穿梭	揽雀尾	单鞭	云手
下势	金鸡独立	倒撵猴	斜飞式
提手上势	白鹤晾翅	搂膝拗步	海底针

扇通背	撇身捶	进步搬拦捶	揽雀尾
单鞭	云手	高探马扑面掌	十字摆莲
搂膝指裆捶	上步揽雀尾	单鞭	下势
上步骑鲸	退步跨虎	转身摆莲	弯弓射虎
合太极			

太极功统系表

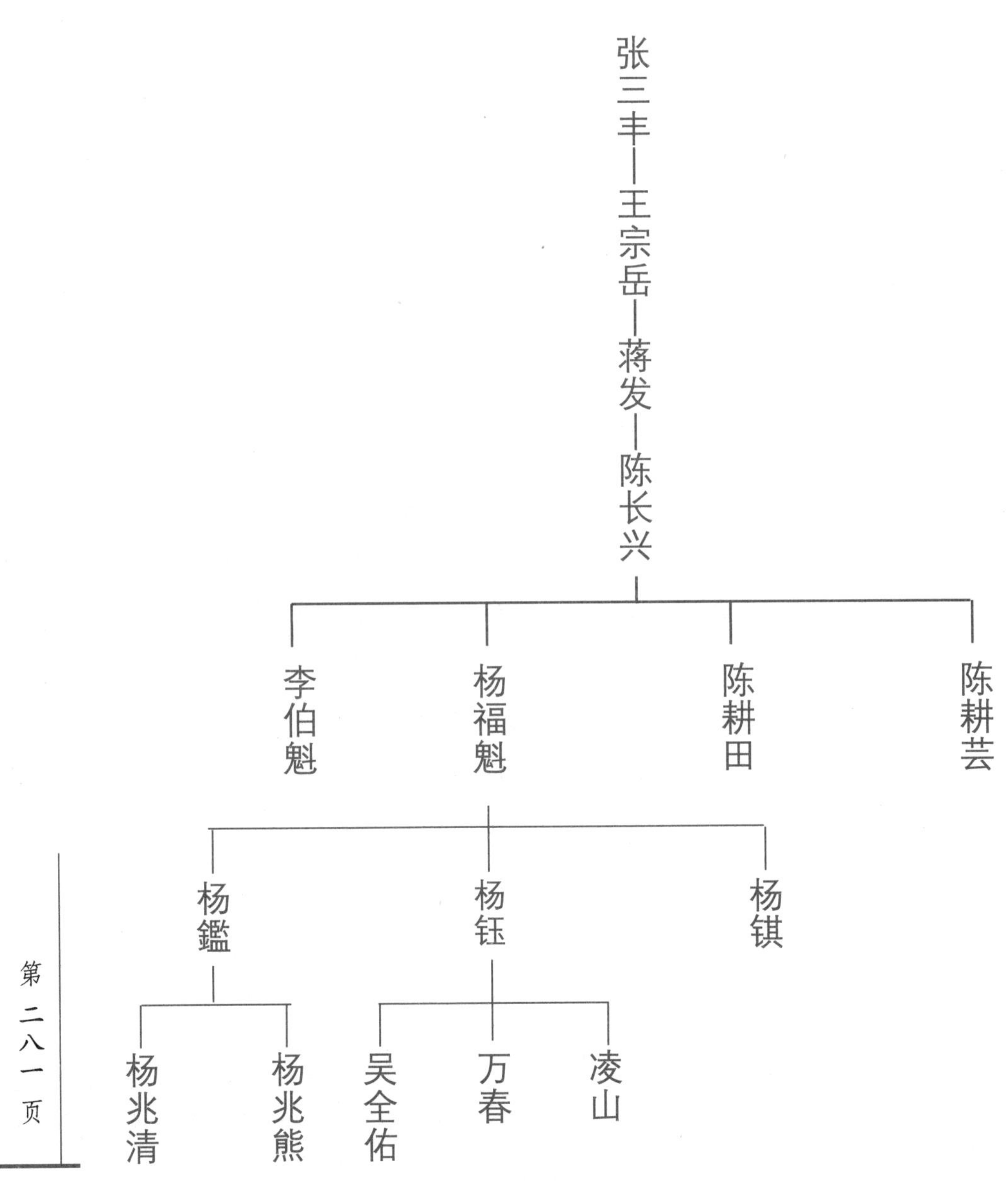

吴全佑 — 王有林 / 吴爱绅 / 郭 芬

王有林 —

张广吉 杨瑞林 毛庚起 钟 森 章长山 唐仲贤 刘玉海
王 杰 胡万祥 段锡震 杨庆梁 刘 琪 吴道晋 于崇有
王 倜 朱家茂 彭顺义 孙恩涛 关柏禄 陆继勋 关绍曾
赵崇佑 张文惠 王宗茂 郭广裕 吴智斌 李魁纲 王希元
路其炳 李增华 边普祥 张思慎 陈 宇 佟翰忱 张德祥
赵 超 李文杰 孙强新 童德奎 阴玉和 付国屏
汪恒秀 李永春 李延寿 龚云门 叶子缪 朱崇义
周海山 刁志凤 张毓桂 李桂钧 李洪茂 李锡纯
修丕勋 郑培福 王步曾 苏宗泽 舒 展 王树堂
彭广义 黄金鉴 吴在泮 刘芝周 韩乃炎 邓少芝
朱家和 何锡佑 盛福涛 李桂岩 钱全辰 文朗卿
马俊杰 孔宪墉 桑胜芳 苏绍唐 关彦平 佟振深

吴爱绅

吴润泽　东锡珍　赵文恺
吴润沛　苏学曾　刘　钧
柏　锟　苏景曾　金玉奇
赵惠福　孙国祥　胡绍梅
赵学安　孙国瑞　郝树桐
赵曾善　魏元晋　钟毓秀
吴荣培　吴钟岳　吴　桐
吴奎芳　金庆海　杨毓璋
崔冠云　何玉堂　段　方
舒国曾　周广志　马嵩岫
关慕烈　马普安　任文清
东锡源　杨德山　葛永德

郭　芬

郭鸿骏
金溥臣
李文祺
苏得俊
张景浦
张景江

赵崇佑 ─┬ 马崇沛　吴荣璋
　　　　├ 贾光瑞　刘鸿如
　　　　├ 付增耀　屈　潜
　　　　├ 赵秉义
　　　　├ 赵　祯
　　　　└ 李福超

杨德山 ─┬ 李保善　张伯衡
　　　　├ 张云瑞　孙立名
　　　　├ 赵文斌　罗荣海
　　　　├ 双　全　关国亨
　　　　├ 绍　箕　景　文
　　　　├ 萧增寿
　　　　└ 谢文考

彭广义 ─┬ 关常印　刘金寿
　　　　├ 彭云翼　续茂林
　　　　├ 纪德祥　张淑贞
　　　　├ 范长华　高壮动
　　　　└ 吴雨亭　姜炳奎

王　杰 —
- 毛有丰　　王有为
- 张兆由　　尹敬执
- 王国栋　　杨炳忠
- 张毓秀　　李希庚
- 姚秉彦　　王秀娟
- 盛致仲
- 桂博兰

吴润泽 — 姚揆正

通信录

第二八六页

姓名	别号	年岁	籍贯	通信处
王有林	茂斋	六十六	山东掖县	东四北同盛福 掖县邑城东大武官村
吴爱绅	鑑泉	五十六	北平	崇外兴隆街九十号
郭芬	松亭	五十六	北平	齐外王家园
常安	远亭	五十八	北平	安内西水关
齐治平	格忱	四十九	山西汶水	齐外五爷海子一号
英杰臣	杰臣	五十二	北平	齐内小烟筒胡同

姓名	别号	年岁	籍贯	通信处
杨德山	辅仁	六十五	北平	西城宫门口五条
李增华	滋益	五十六	山西定襄	齐内小碑房胡同四号
桂荫良	仲三	五十一	安徽	东四北八条
张万秋		四十九	山左掖县	
赵崇佑	启庭	四十七	北平	齐内南小街一五一号
王步曾	省吾	四十七	河北衡水	王府井大街梯子胡同
宗殿顺	佑芝	四十五	山东掖县	齐外恒兴砖窑
陈炳武	允中	四十三	北平	东四北什锦花园四号
安英凯	武臣	四十二	河北大兴	广渠门外大郊亭村
孔宪墉	崇幽	四十二	山东荣邑	东安门外东兴楼
郑培福	衍五	四十一	山左	前外益和祥
朱家茂	松九	三十九	山东福山	鲁省福山县大朱家山村
刁志凤	翔千	三十九	山左	前外益和祥
彭广义	仁轩	三十九	河北任丘	前外虎坊桥帐垂营
苏绍唐	伯陶	三十九	安徽	
杨瑞林	雨亭	三十八	北平	齐内豆芽菜胡同十八号

姓名	别号	年岁	籍贯	通信处
周海山	振东	三十八	北平	齐内大牌坊胡同
边普祥	振如	三十八	北平	东直门内大街
张毓桂	燕生	三十八	河北深县	交道口俱顺木厂
孙强新	健堂	三十七	山左掖县	东四北同盛福
杨庆梁	祝忱	三十七	北平	齐化门
修丕勋	桂臣	三十六	山东掖县	齐内南小街泰源
彭顺义	寿延	三十六	河北任丘	前外虎坊桥帐垂营
胡万祥		三十六	山左掖县	
路其炳		三十四	河北保定	
赵超		三十三	北平	海甸涧沟
何玉堂		三十二	北平	西城航空署街
毛赓起	庚起	三十二	山东掖县	海甸北城府街德盛复磨刀铺
马俊杰	英臣	三十	山东掖县	宜外棉花头条七号
张文惠	济芝	三十	河北	东直门大街
马宝祥	少泉	三十	河北宛平	地安门外
赵学安	仲博	三十	北平	西单英子胡同四号

姓名	别号	年岁	籍贯	通信处
吴奎芳	润臣	三十	北平	西直门新街口大四条
崔冠云	仲华	三十	北平	后门内宫监外四十号
关慕烈	仰益	三十	北平	地安门内
东锡源		三十	北平	海甸太平庄
金庆海	云峰	三十	北平	西四北天一堂
桑胜芳	胜芳	二十九	山东掖县	掖县桑家村
盛福涛	波臣	二十九	山东掖县	东四大豆腐巷同聚局
吴润泽	子镇	二十九	北平	前外兴隆街五十号
赵惠福	寿村	二十九	北平	
赵曾善	元生	二十九	北平	海甸苏公家庙
舒国曾	益卿	二十九	北平	西城达子庙
王杰	子英	二十八	山东掖县	东四北同盛福
何佑	保芝	二十八	河北大兴	东四德丰木厂
吴钟岳	子明	二十八	北平	
李文祺	翰章	二十八	北平	东安门内沙滩
王宗茂	新如	二十八	北平	西直门内棚匠刘胡同

姓名	别号	年岁	籍贯	通信处
吴在泮	芹生	二十七	山东掖县	东四大豆腐巷同聚局
吴荣培	图南	二十七	北平	
周广志	光远	二十七		
朱家和	介平	二十六	山东福山	鲁省福山朱家镇
黄金鉴	镜涵	二十六	北平	琉璃厂小沙土园五号
吴润沛	雨亭	二十六	北平	前外兴隆街五十号
东锡珍		二十六	北平	海甸太平庄
苏宗泽	侃如	二十五	安徽	
金溥臣	甫臣	二十五	北平	东直门内柳树井
李文杰	蕴颖	二十四	河北深县	史家胡同五十一号
王倜	子超	二十四	山东掖县	东四北同盛福
李延寿	喜庆	二十四	山东掖县	地安门外和兴麻刀铺
李桂岩	桂岩	二十四	天津	护国寺铁匠营十四号
苏学曾		二十三	北平	锦什坊街巡捕厅胡同
杨毓璋	小华	二十三	北平	地安门外
段锡震	筮初	二十二	北平	北新桥石雀胡同八号

姓名	别号	年岁	籍贯	通信处
刘芝周	彩臣	二十二	山东掖县	东四大豆腐巷同聚局
孙国祥	效虞	二十二	山东	内西华门惜薪司胡同口外聚顺斋
苏得俊	英杰	二十一	北平	东四十二条松竹斋钟表铺
苏景曾		二十	北平	锦什坊街巡捕厅胡同
段方	义经	二十	北平	齐内南小街
孙国瑞	效铭	二十	山东	西华门惜薪司胡同
郭鸿骏	梦麟	二十	北平	齐外王家园十六号
韩乃炎	晋午	十八	河北宛平	北平宪兵司令部军医处
张景浦	幼峰	十七	山东济南	纱络胡同
李桂钧	桂钧	十七	天津	护国寺前铁匠营
张景江	少峰	十五	同上	同上
汪恒秀	月川	五十二	河北宛平	安定门内花园北
柏锟	镇庸		北平	宣内新篦子胡同
魏元晋			广东	
马普安			北平	
赵文恺	俊山		北平	天津

姓名	别号	年岁	籍贯	通信处
刘钧	秉衡		北平	西城大乘巷十四号
金玉奇	寿峰		北平	
胡绍梅			河北	
郝树同			河北深县	
钟毓秀			奉天	
吴桐			山西	
马嵩岫	岳良		北平	
任文清			北平	
盛致仲				
葛永德			北平	

下篇　太极拳详解

太极拳专家

王老先生茂斋肖像

著作者肖像

彭仁轩广义

癸酉初秋

国之干城

吴佩孚题

癸酉岁春长在日

国有精神

江朝宗题

超乎象外　得其环中

荣臻题

癸酉年春

化刚为柔

杨寿枢

二十二年春

自强根本

夏仁虎题

癸酉夏月

神乎技矣

金绍曾

刚柔相济

恽宝惠

健身寿世

王琦题

癸酉孟夏

得其寰中

齐振林

癸酉仲夏

常能行之可长生

张瞻庵

民国二十二年春

有勇知方

陆哀

癸酉夏至

学究天人

谢霈

真体内充

曼青

二十二年六月

撼藤伸铁

苏世荣题

癸酉夏月

国强之基

赵得岭

《礼·中庸》云："至诚之道，可以先知。"故君子之待物也以诚。太极拳之临时动用，亦犹至诚之相待。诚者阳刚，以待阴柔。所谓"以我之静，待彼之动。用我之诚，敌彼之诈。"诈者阴，诚者阳，两相循环，乃成虚实生克之理焉。有人谓太极拳可称为"太极神拳"者，余曰：以虚实动静气化名之，则无不可。然武术中，早有"神拳""鬼拳"之名目，如太极拳增加神字，恐不解者误解，翻有混同之弊耳。不如仍沿太极拳三字名称为宜。因承友人之嘱，勉书数语，质于精深太极拳功者，当有以教我也。

杨曼青书于花南砚北斋

中华民国二十二年四月二十二日

体育一道，东西各邦佥许为强种当务之急。然激烈之运动，弗得其当，或蒙其弊。则择术不可不慎也。太极为吾华国术之一本，氤氲二气运周身血脉，具《易经》之玄理，实探奥而蕴奇。其为强种之术，可操左券，其能辅裨军伍，尤无待言。彭队员颇精此道，因使指导全队日课练习，卓著成绩。今冬刊书成帙，将锲梨问世，丐予为题。予于此道，门外汉也。何能置词？但善不可隐，率弁数言，用当绍介。宣尼五十学《易》，期以寡过。予于太极强身，希望亦云。

建国念一年仲冬之月

山左李振彪题于北平军分会尉官差遣队公廨

自序一

予自幼身体羸弱，疾病缠绵。觅遍补救之法，仍无效果。后于友人谈及太极拳，可以却病延年，于是经郭老先生松亭介绍，得从王老先生茂斋受业。惟王老先生为人，性质朴实，其太极功夫，已至炉火纯青登峰造极，凡有志愿就学者，不吝珠玉，倾心教而授之。予自习学之后，每日饮食增加，身体益渐强壮。虽终日服务奔驰，亦不觉其劳苦。久而久之，其病若失矣。至今研究太极拳，已经十余载，本于经验所得，略为述及。凡有内部虚弱与亏损者，或患寒腰寒腿者，甚致不能举动者，若要练习太极拳，皆能恢复健康，则太极之功效，非其他拳术可得同日而语也。然太极经云：以心行意，以意导气，务令沉着，气沉丹田，内固精神，外示安逸。动转须用自然之力，养成浩然之气。气流行于筋脉，血流行于膜胳，周而复始，终身用之，有不能尽者矣。吾人每日练习，非但却病强身，可以延年益寿，即可进于上乘。予自入尉官队时，课余之暇，依然勤习不坠。前奉本队长官之命，将太极拳列入日课，着广义担任指导队员。练习方法，缘各队员年龄既有差别，体质强弱自异。如此情形，教导之方法，宜应分别实施，庶可收效果，于将来习将匝月，进步尚速。幸承诸同人赞许，复奉令将太极拳纲要，编辑成书，以资佐证。凡我国人如有志愿练习者，则可按图索骥，勿以浅鲜视之，一是强国强种之门径也。谨就管见所及，书于简端，是以为序。

河北仁轩彭广义谨序

中华民国二十二年　月　日

序二

中国武术，遵古师法相承，各尚宗派。其最著者，厥为两大宗派：（1）少林派，传自后魏达摩祖师，其法以易筋真理充实于内，壮其基础，五拳运用之法，锻炼筋骨，其深造之旨，在化刚为柔；（2）为武当派，传自宋代张三丰祖师，其法以循环无端，立太极，浑圆之体，合阴阳相生之理，应太极变化之用，专主敛神入骨，其深造在以柔克刚。其两派立法虽各有不同，然而异曲同工，抉其奥旨，皆为入道之初阶。若仅以武术目之，则诚浅鲜矣。惟少林戒约极严，真传难得。今世以少林自命者，不过技击末艺，于易经真理茫无领会，现行易筋二十四势，亦非达摩留传真本，故论者目为外家。若武当派太极一门，谨守师法，本十三势递相传授，约而不杂，纯任自然，教者学者，均能以敛神懂劲，粘黏连随为依归，验功力之深浅，至今真传未失，论者目为内家，不亦宜乎？愚自束发受书，即爱慕武术。既长从军，奔走四方，获与武术家相交结，得聆各家拳术之高论，独武当派太极一门，惜未窥及门墙，是以为憾。愚素患膝痛，今春入队时，适遇旧同人彭君仁轩，乘课余之暇，研究太极拳术，陶冶精神，久而久之，膝痛若失，更服太极拳之妙，不仅强真却病已也。仁轩以愚研习若有会心，又述各家宗派，遂举太极拳递传诸先哲之渊源，就其所知者以告之，曰：太极拳始于张三丰，递传至山左王宗岳，宗岳传蒋发、陈长兴，长兴传广平杨福魁，福魁字禄躔，禄躔先生传其长子锜、次子珏（字班侯）、三子鑑（字镜湖），班侯传万春与凌山吴全佑（字保亭）。保亭先生为人和霭，生平不轻与人较技，即较技亦必让人三着，盖其天性使然也。得其传者仅王有林（字茂斋）、郭芬（字松亭）与吴爱绅（字鑑泉）诸先生，且王茂斋先生造艺精纯，更能博通内外诸家，传于彭君广义（字仁轩），仁轩执弟子礼甚恭，治斯道已垂十余载，今已升堂入室，兹为担任太极拳教授，编纂《太极拳解释》。书成之日，嘱愚为叙。不采剪陋，爰笔略述少林武当两派之宗法，及太极相承之梗概，以就正于诸同志云尔，是以为序。

中州悟虔张思慎谨序

中华民国二十二年　月　日

序三

窃以年来懒惰性成，素患胃病，食不甘味，寝不安席，一举一动，面红气喘，不胜其劳，方知身体衰弱已极，恒惴惴焉。今岁端阳节后，彭君等练习太极拳功，辱蒙不弃，竟得滥竽其间，承彭君朝夕指示，不惮其烦。雨素质鲁钝，所领会者什一耳。迄今五月余，按式练习，无时或间，惟觉食增其量，寝安其席，宿疾全愈，心神畅快，岂非太极拳之功耶？兹承彭君嘱令续貂，谨书所感，是以为序。

浙江会稽泽宇陈雨谨序

中华民国二十二年　月　日

太极拳详解目录

第六章

第一节　用功有四忌

第二节　用功三小忌

第三节　用功五志

第七章

第一节　太极拳各式名称目次

第二节　太极拳各势图解

第八章

第一节　虚实开合论

第二节　太极拳懂劲先后论

第九章

第一节　推手歌

第二节　粘黏连随说

第三节　太极轻重浮沉解

第十章

第一节　太极四隅解

第二节　顶匾丢抗论

第三节　对待无病论

第四节　观经悟会法

第一章

第一节　列传

三丰先生，姓张，名通，字君实。先世为江西龙虎山人，故尝自称为天师后裔。祖父裕贤公，学精星数。南宋末，知天下王气将从北起，遂携本支眷属，徙居辽阳懿州。有子名居仁，字子安，号白山，即先生父也。壮负奇器，元宋收召人才，分三科取士，子安赴试策论科入选。然性素恬淡，无仕宦情，终其身于林下。定宗丁未夏，先生母林太夫人，梦元鹤自海天飞来，而诞先生，时四月初九日子时也。峰神奇异，龟形鹤骨，大耳圆睛。五岁目染异疾，积久渐昏，其时有张云庵者，方异人也，住持碧落宫，自号白云禅老。见先生奇之，曰："此子仙风道骨，自非凡器，但目遭魔障，须拜贫道为子，了脱尘翳，慧珠再朗送还。"太夫人许之，遂投云庵为徒，静居半载，而目渐明，教习道经过目便晓，有兼读儒、释两家之书，随手披阅，会通其大意即止。忽忽七载，太夫人念之，云庵亦不留，遂拜辞归家，专究儒业。中统元年举茂才异等；二年，称文学才识，列名上闻，以备擢用，然非先生素志也，因显扬之故，欲效毛卢江捧檄之意耳。至元，甲子秋，游燕京时，方定鼎于燕，诏令旧列文学才识者，待用，栖迟燕市。闻望日隆，始与平章政事廉公希宪识。公异其才，奏补中山博陵令，遂之官。政暇访葛洪山，相传为稚川修炼处。因念一官萧散，颇同钩漏，予岂不能似稚川? 越明年，而丁艰矣，又数月而报忧矣。先生遂绝仕进意，奉讳归辽阳，终日哀毁，觅山之高洁者，营厝甫毕，制居数载，日诵洞经。倏有邱道人者，叩门相访，剧谈玄理，满座风清，洒然有方外之想。道人既去，束装出游，田产悉付族人，嘱代扫墓，挈二行童相随。北燕赵，东齐鲁，南韩魏，往来名山古刹，吟咏闲观，且行且住。如是者几三十年，均无所遇，乃西之秦陇，挹太华之气，绸太白之奇，走褒斜，度陈仓，见宝鸡山泽幽邃而清，乃就居焉。中有三尖，山峰挺秀，苍润可喜，因自号为三丰居士。延佑元年，年六十七，始入终南，得遇火龙真人，传以大道。更名玄素，号玄玄子，别号昆阳。山居四载，功效寂然。闻近斯道者，必须法财两用，平游访兼颇好善，囊箧殆空，不觉泪下，火龙怪之，进告以故，乃传丹砂点化之诀，命出山修炼。立辞恩师，和光混俗者，数年。泰定甲子春，南至武当，调神九载，而道拳始成。于是湘云巴雨之间，隐显遨游，又十余年，乃于至正初，由楚还辽阳省墓，讫复之燕市，故交死亡已尽矣。遂之西山，遇前邱道人，谈心话道，促膝参同，方知为长春先生符阳子也。

第二节　太极拳祖师张三丰以武事得道论

盖未有天地先有理，理为气之阴阳主宰，主宰理以有天地，道在其中。阴阳气道之流行，则为对待。对待者阴阳也，类也。一阴一阳之为道。道无名，天地始，道有名，万物母。未有天地之前，无极也，无名也；既有天地之后，有极也，有名也。然前天地者曰理，后天地者曰母，是乃理化先天阴阳气数，母生后天胎卵湿化，位天地育万物，道中和然也。故乾坤为大父母，先天也；爹娘为小父母，后天也。得阴阳先后天之气以降生身，则为人之初也。夫人身之来者，得大父母之命性赋理，得小父母之精血形骸，合先后天之命，我得而成人也。以配天地为三才，安可失性之本哉？然能率性，则本不失，既不失本来面目，又安可失身体之去处哉？夫欲寻去处，先知来处，来有门，去有路，良有以也。然有何以之固有之知能，无论智愚贤否，固知能皆可以进道。既知能修道，可知来处之源，必能知去处之委，来源知委，既能知，必明身不修。故曰：自天子至于庶人，一是皆以修身为本。夫修身以何？以之良能，视能听曰聪明，手舞足踏，乃武乃文，致知格物意诚。心为一身之主，正意诚心。以足踏五行，手舞八卦，手足为之象，用之殊途良能还原，目视三合，耳听六道。耳目亦四形体之一，表里之归，本耳目手足，分而为二，皆为两仪，合之为一，共为太极。此为外敛入之于内，亦自内发出交于外，能如是，表里精粗无不到，豁然贯通，希贤希圣之功，自臻于曰睿曰知，乃圣乃神。所谓尽性立命，穷神述化，在兹矣。然天道、人道，一诚而已矣。

第二章

第一节　太极拳之传流

张三丰名通，字君实，辽东懿州人。宋徽宗时，值金人入寇，彼以一人杀金兵五百余，山陕人民慕其勇，从学者数百人，因传其技于陕西。元世祖时，有西安人王宗岳者，得其真传，名闻海内，温州陈同曾多从之学，由是自山陕而流传于浙东。又百余年，有海盐张松溪者，最为著名（见《宁波府志》）。后传其技于宁波叶继美，字近泉。近泉传王征南，字来咸，清顺治中人。征南为人勇而有义，在明季可称独步，黄宗羲最重征南（见《游侠佚闻录》）。征南死时，曾为作墓志铭。征南之后，又将百年，始有甘凤池，此皆为南派人士。其北派所传者，由王宗岳传河南蒋发，蒋发传河南怀庆府陈家沟陈长兴，其人立身常中正不倚，人因称之为“牌位先生”。先生有子二人，长曰耿信，次曰纪信。时有杨禄躔先生，名福魁者，直隶广平府永年县人，闻其名，因与同里李伯魁共往师焉。同学者除二人外皆陈姓，颇异视之，二人互相结纳，尽心研究，常彻夜不眠。陈先生见杨之勤学，遂尽传其秘。杨归传其术遍乡里，俗称为软拳，因其能避制强硬之力也。嗣杨游京师，客诸府邸，清亲贵王公贝勒，多从受业焉。旋为旗营武术教师，有子三人，长名锜早亡；次名钰，字班侯；三名鑑，字健侯，亦曰镜湖，皆获盛名。当禄躔先生充旗营教师时，得其传者三人，万春、凌山、全佑（字保亭）是也，一劲刚，一善发人，一善柔化，或谓三人各得先生之一体，有筋、骨、皮之分。旋从先生命，均拜班侯之门，称弟子云。至保亭先生为人和霭，生平不轻与人较技，即较技亦必让人三着，盖其天性使然也。得其传者，仅王有林字茂斋、郭芬字松亭、吴爱绅字鑑泉。王茂斋先生性质朴实，造艺精纯，更能博通内外诸家。其太极工夫，已至炉火纯清，登峰造极。凡有就学之者，并不吝珠玉，倾心教而授之。得其传者，有彭广义（字仁轩）等，约数百余人，均受业焉。

第二节　太极拳论

太极者，由无极而生阴阳之母也。动之则分，静之则合，无过不及，随曲就伸。人刚我柔谓之走，我顺人背谓之粘。动急则急应，动缓则缓随。虽变化万端，而理为之一贯。由着熟而渐悟懂劲，由懂劲而阶及神明，然非用功之久，不能豁然贯通焉。须领顶劲，气沉丹田，不偏不倚，忽隐忽现。左动则左虚，右重则右杳。仰之则弥高，俯之则弥深，进之则愈长，退之则愈促。一羽不能加，蝇虫不能落。人不知我，我独知人。英雄所向无敌，盖皆由此而及也。斯技旁门甚多，虽势有区别，概不外乎壮欺弱，慢让快耳。有力打无力，手慢让手快，是皆先天自然之能，非关学力而有所为也。察四两拨千斤之句，显非力胜。观耄耋能御众之形，快何能为？立如平准，活似车轮，偏沉则随，双重则滞。每见数年纯功不能运化者，率皆自为人制，双重之病未悟耳。欲避此病，须知阴阳。粘即是走，走即是粘，阴不离阳，阳不离阴，阴阳相济，方为懂劲。懂劲之后，愈练愈精，默识揣摩，渐至从心所欲。本为舍己从人，多误舍近求远。所谓谬之毫厘，差之千里，不可不详辨焉。是以为论。

第三章

第一节　太极拳释名

太极拳，一名长拳，又名十三式。长拳者，如长江大海，滔滔不绝也。十三式者，掤捋挤按採挒肘靠进退顾盼定也。掤捋挤按，即坎离震兑四正方也；採挒肘靠，即乾坤艮巽四斜角也。此八卦也。进步、退步、左顾、右盼、中定，即金、木、水、火、土也，此五行也。合而言之曰十三式。是拳技也，一着一势，均不外乎阴阳，故名之曰太极拳。

第二节　太极圈歌

退圈容易进圈难，不离腰顶后与前。所难中土不离位，退易进难仔细研。此为劲功非站定，倚身进退并比肩。能如水磨催急缓，云龙风虎象周旋。要用天盘从此觅，久而久之出自然。

第四章

第一节　八门五步法

掤（南）捋（西）挤（东）按（北）採（西北）挒（东南）肘（东北）靠（西南）方位，坎、离、震、兑、乾、坤、艮、巽八门也，参照下列附图。

方位八门，乃阴阳颠倒之理，周而复始，随其所行也。总之四正隅，不可不知矣。夫掤捋挤按，是四正之手；採挒肘靠，是四隅之手。合隅正之手，得门位之卦。以身分步五行，意在支撑八面。五行者，进步（火）退步（水）左顾（木）右盼（金）中定（土也）。夫进退为水火之步，顾盼为金木之步，以中土为枢极之轴，怀八卦脚跐五行，手步八门，其数十三，出于自然十三势也，名之曰八门五步。

第五章

第一节　十三式总论

一举动身周俱要轻灵，尤须贯串。气宜鼓荡，神宜内敛。无使有缺陷处，无使有高低（凸凹）处，无使有断续处。其根在脚，发于腿，主宰于腰，行于手指。由脚而腿而腰，总须完整一气，向前退后，乃得机得势。有不得机不得势处，身便散乱，其病必于腰腿求之。上下前后左右皆然，凡此皆是意，不在外。有上即有下，有左即有右，有前即有后。如意要向上，即寓下意，若将物掀起而加以挫之之意，斯其根自断，乃坏之速而无疑。虚实宜分清楚，一处自有一处虚实，处处总有一虚实。周身节节贯串，勿令丝毫间断耳。

第二节　十三式行动心解

以心行气，务令沉着，乃能收敛入骨。以气运身，务令顺遂，乃能便利从心。精神能提得起，则无迟重之虞，所谓顶头悬也。意气须换得灵通，乃有圆活之趣，所有变转虚实也。发劲沉着，松静专注一方。立身须中正安舒，支撑八面；行气如九曲珠，无微不利；运劲如炼刚，何坚不摧？形如搏兔之鹄，神如捕鼠之猫。静如山岳，动似江河。蓄劲如开弓，发劲如放箭。曲中求直，蓄而后发。力由脊发，步随身换。收即是放，断而复连。往复须有折叠，进退须有转换。极柔软然后极坚刚，能呼吸然后能灵活。气以直养而无害，劲以曲蓄而有余。心为令，气为旗，腰为纛。先求开展，后求紧凑，乃可臻于缜密矣。

又曰：先在心，后在身，腹松气敛入骨，神舒体静。一动无有不动，一静无有不静。牵动往来，气贴背，敛入脊骨，内固精神，外示安逸。迈步如猫行，运动如抽丝。全身意在精神不在气，在气则滞。有气者无力，无气者纯刚。气如车轮，腰如车轴。

第三节　十三式行功歌

十三总势莫轻视，命意源头在腰际。
变转虚实须留意，气遍身躯不稍痴。
静中触动动犹静，因敌变化是神奇。
势势存心揆用意，得来不觉费功夫。
刻刻留意在腰间，腹内松静气腾然。
尾闾中正神贯顶，满身轻利顶头悬。
仔细留心向推求，屈伸开合听自由。
入门引路须口授，功用无息法自休。
若言体意何为准，意气君来骨肉臣。

详推用意终何在，益寿延年不老春。

歌兮歌兮百四十，字字真切义无疑。

若不向此推求去，枉费功夫遗叹惜。

第六章

第一节　用功有四忌

此功夫近于道学，崇尚信，重道德，不能有酒色财气，谓之四戒也。

忌饮过量之酒，忌当色者（夫妇之道又将有别），

忌取不义之财，忌动不合中之气（一饮一啄在内）。

第二节　用功三小忌

凡食多、饮多、睡多之时，忌用功夫。虽于身体无害而以无益也。

食多时，饮多时，睡多时（恐其有害于中气也）。

第三节　用功五志

博学（是要多用功夫），审问（不是口问是听劲），慎思（听而后留心想念），明辨（生生不已），笃行（如天行健）。

第七章

第一节　太极拳各势名称目次

(1) 预备式	(2) 揽雀尾	(3) 单鞭
(4) 提手上式	(5) 白鹤晾翅	(6) 左搂膝拗步
(7) 琵琶式	(8) 左搂膝拗步	(9) 右搂膝拗步
(10) 左搂膝拗步	(11) 右搂膝拗步	(12) 左搂膝拗步
(13) 手挥琵琶式	(14) 上步搬拦捶	(15) 如封似闭
(16) 十字手	(17) 搂膝拗步	(18) 抱虎归山
(19) 揽雀尾	(20) 斜单鞭	(21) 肘底看捶
(22) 左倒撵猴	(23) 右倒撵猴	(24) 左倒撵猴
(25) 右倒撵猴	(26) 左倒撵猴	(27) 斜飞式
(28) 提手上式	(29) 白鹤晾翅	(30) 搂膝拗步
(31) 海底针	(32) 扇通臂	(33) 撇身捶
(34) 卸步搬拦捶	(35) 上步揽雀尾	(36) 单鞭
(37) 左云手	(38) 右云手	(39) 左云手

(40）右云手　(41）左云手　(42）左高探马
(43）右分脚　(44）右高探马　(45）左分脚
(46）转身蹬脚　(47）左搂膝拗步　(48）右搂膝拗步
(49）进步栽捶　(50）反身撇身捶　(51）左高探马
(52）右分脚　(53）右打虎式　(54）左打虎式
(55）披身踢脚（又名二起脚）　(56）双风贯耳
(57）左右蹬脚　(58）右搂膝拗步　(59）左搂膝拗步
(60）手挥琵琶式　(61）上步搬拦捶　(62）如封似闭
(63）十字手　(64）搂膝拗步　(65）抱虎归山
(66）揽雀尾　(67）斜单鞭　(68）看式
(69）右野马分鬃　(70）左野马分鬃　(71）右野马分鬃
(72）左野马分鬃　(73）右野马分鬃　(74）看式
(75）右野马分鬃　(76）上步左玉女穿梭
(77）转身右玉女穿梭　(78）看式
(79）右野马分鬃　(80）上步左玉女穿梭
(81）转身右玉女穿梭　(82）上步按手
(83）上步揽雀尾　(84）单鞭　(85）左云手
(86）右云手　(87）左云手　(88）右云手
(89）左云手　(90）单鞭　(91）下式
(92）右金鸡独立　(93）左金鸡独立　(94）左倒撵猴
(95）右倒撵猴　(96）左倒撵猴　(97）右倒撵猴
(98）左倒撵猴　(99）斜飞式　(100）提手上式
(101）白鹤晾翅　(102）左搂膝拗步　(103）海底针

(104) 扇通臂　(105) 撇身捶　(106) 上步搬拦捶
(107) 上步揽雀尾　(108) 单鞭　(109) 左云手
(110) 右云手　(111) 左云手　(112) 右云手
(113) 左云手　(114) 单鞭　(115) 左高探马
(116) 扑面掌　(117) 转身十字摆莲
(118) 右搂膝拗步　(119) 上步搂膝指裆捶
(120) 上步揽雀尾　(121) 单鞭　(122) 下式
(123) 上步骑鲸　(124) 退步跨虎　(125) 转身扑面掌
(126) 转身双摆莲　(127) 右弯弓射虎　(128) 左弯弓射虎
(129) 上步揽雀尾　(130) 单鞭　(131) 上步错捶
(132) 揽雀尾　(133) 单鞭　(134) 合太极（收式）

第二节　太极拳各势图解

预备式（分一动）

（一）身体直立，两手下垂，腕与胯齐，掌心下按，手指向前，两目向前平视，两足距离与肩宽相等，如图。（此势以体静神舒，气沉丹田，精神贯于头顶，全身需要灵活无丝毫着力之处，任其自然）

第一图　预备式

第二图　揽雀尾（一）

揽雀尾（分四动）

（一）由前式左足前出半步，左膝在前为弓，右腿在后蹬直。同时，左臂上提弯于胸前，手心向内；右手手心按于左手脉门之上，手心向外。

第三图　揽雀尾（二）

（二）身体向右转（足尖与身体同一方向），右膝前曲，左腿伸直。右臂前伸，手心向上；左手手心向下，手指按右脉门。

第四图　揽雀尾（三）

（三）两手翻转，右手手心向下，左手心向上，手指不离右手脉门，左腿后坐，两臂向怀内合揽。

（四）两手翻转，右手手心向上，左手手心向下，手指不离脉门，右手向左前方伸直，右腿随之前曲，右手向右向后平绕一环形至头部右侧方，右手与肘宜垂直，左手手指仍按于右手脉门。如图一、二、三、四。（此势运动身体腹腰肩背各部，手尖路线须成一环形，腰脊随之动作，方能灵活）

第五图　揽雀尾（四）

单鞭式（分二动）

（一）由前式右手作成勾形。同时右脚以足跟为轴向左旋转约十九度，左手手指仍在右手脉门处。

第六图　单鞭（一）

（二）左臂肘以上略成水平，肘以下略成垂直，手背向外，两目注视手心，由右手脉门处向左横移至头部左前方，手心翻转向外。于左手横移时，左脚向左后方移动约半足，成骑马式。两手离开约一百五十度。如图一、二。（此势运动腰腿及两臂，务须灵活自然）

第七图　单鞭（二）

第八图　提手上式（一）

提手上式（分二动）

（一）由前式右足前上半步。右臂弯于胸前，手心向内，左手手指按于右手脉门。

第九图　提手上式（二）

（二）左足向右足靠拢。左手背向上，横于胸前手；右手上提至头之前上方，手心翻转向上；左手下按至小腹处。如图。（此势两眼须注视手之动作，并须提顶劲，使腰腿随之伸缩为宜）

第十图　白鹤晾翅（一）

白鹤晾翅（分二动）

（一）由前式，左手由身体左侧向上走一环形至头顶上方伸直，腰部随左手之动作向左弯转，右臂伸直，两手向外。

第十一图 白鹤晾翅（二）

（二）两手心转向内方，两臂肘以下垂直，停于胸前。同时，两腿并拢向下蹲。如图一、二。（此势两臂与两腿协同动作为要，两眼注视两手）

左搂膝拗步（分二动）

（一）由前式身体向下蹲身再向左转，左足前出一步，左腿在前为弓，右腿在后蹬直。同时，左手由下向左搂左膝，停于左胯旁；同时，右手手心向内，手指向前，由耳之上方向前伸掌，俟臂微直，则手指向上，手心向外。如图。（此势练腰腿臂各部，务须一致动作）

第十二图 左搂膝拗步（一）

第十三图 左搂膝拗步（二）

第十四图　琵琶式（一）

琵琶式（分一动）

（一）由前式身体后坐，体之重力移于右腿，左腿蹬直，足尖翘起。左臂由下向上提，肘以下垂直，于胸前，手指向上，拇指对准鼻尖，手心向右；右手收回，手心向左，在左肘下方，拇指与左肘接触。如图。（此势运动时体臂腿务须一致）

第十五图　左搂膝拗步（一）

左搂膝拗步（分一动）

（一）由前式左足踏地，左膝在前为弓，曲右腿在后蹬直。左手手心向下搂左膝，置于左胯旁；同时，右手手指向前，手心向内，自右耳上方向前伸出，俟臂微直，则手指向上，手心向外。如图。

第十六图　右搂膝拗步（一）

右搂膝拗步（分一动）

（一）由前式右足前踏一步，右膝在前为弓，左腿在后蹬直。右手手心向下搂右膝置于右胯；同时，左手手指向前，手心向内，自左耳上方向前伸出，俟臂微直则手指向上，手心向外。

左搂膝拗步与前式同十三图

右搂膝拗步与前式同十五图

左搂膝拗步与前式同十三图

手挥琵琶式（分一动）

两手手心参差相对，两手掌之外侧向左下方掳一小环形。右足向前与左足靠拢。如图。（此势两手运动时腰部须随之用力）

第十七图　手挥琵琶式（一）

进步搬拦捶（分二动）

（一）由前式两手手心斜对，两掌外侧向左下方，两手由右向左掳一大环形。同时，左足前出一步，左腿在前为弓，体之重力在左腿上。两手收回停于胸前，左手为掌，手指向上，手心向右；右手为拳，拳眼向上轻贴于左手手心。在两手收回时，上体后坐，体之重力移于右腿上，左足足尖翘起。

第十八图　进步搬拦捶（一）

（二）右拳向前打出，拳眼向上，同时左足着地在前为弓右腿在后伸直，如图一、二，（此势运动腰脊腿臂各部，腰脊用力不可将上体向前探出）

第十九图　进步搬拦捶（二）

第二十图　如封似闭（一）

如封似闭（分一动）

（一）由前式，左手手心向外，手指向上，腕部在左臂腋下，手指稍向上翘，手背贴于右臂之外侧，沿右臂向前推动；同时，右臂向后撤。上体后坐，体之重力移于右腿上，左足尖翘起。两手同时收回，手心相对，约距十五生的，两手手指约向前上方，两手向前推出，手心向外，手指向上。同时，左足踏地在前为弓，右腿在后伸直。如图。（此势运动腰腿脊臂各部，动作务须灵活，两手收回时与体之后坐须一致，两手推出与左膝前曲更须一致）

第二十一图　十字手式（一）

十字手(分二动)

（一）由前式，两臂伸直。两足跟作轴向右旋转约九十度，身体向下蹲，两膝向前弯曲。两臂由下向左右伸作弧形渐渐伸直，两掌向前。

（二）靠左足，两手渐次向上翻转，在头顶上交叉作斜十字形，左手手心向外，右手手心向内。如图一、二。（此势练习时应连续以下各部，不可稍有停滞）

第二十二图　十字手式（二）

左斜搂膝拗步（分一动）

（一）由前式，右手不动，左手向下搂左膝。左足向左前方踏出一步，左膝在前为弓。同时，右手手心向内，手指向前，自右耳上方向前伸出，俟臂微直则手指向上，手心向外。

第二十三图　左搂膝拗步（一）

抱虎归山（分一动）

（一）由前式，提起右足，以左足跟为轴向右后旋转约一百八十度。转时右手向下搂右膝。右足着地，在前为弓。同时，左手手心向内，手指向前，自左耳上方向前伸出，俟臂微直则手指向上，手心向外。如图。（此势宜腰身腿臂连成一气）

第二十四图　抱虎归山（一）

揽雀尾同前式之二、三、四、五图。

斜单鞭与单鞭式六、七图同。

肘底看捶（分一动）

（一）右足向左前方上一步，身体随之向左旋转约九十度。同时，两手由右向左走一环形，至左胁下为拳，拳眼向上，左拳在上，右拳在下。左足收回，足尖着地作丁字形。同时，左拳竖起与左肩同高，左臂肘以下垂直；同时，右拳移于左肘下，两眼向前平视。如图。（此势腰腿臂连合动作，勿须用力，切要灵活）

第二十五图　肘底看捶（一）

左倒撵猴（分一动）

（一）由前式，提左足向后退半步伸直，右腿在前为弓。同时，左手顺左耳旁向前伸平，手指上翘，手心向外。如图。（此势两腿宜微曲手须与眼齐）

第二十六图　左倒撵猴（一）

右倒撵猴（分一动）

（一）由前式，左足不动，身体向后坐，重力移于左足，右足向后退一步伸直，左腿在前为弓。同时，右手顺右耳旁向前伸平，手指上翘，手心向外。

左倒撵猴同前式十三图。

右倒撵猴同前式十五图。

第二十七图　右倒撵猴（二）

左倒攆猴同前式十三图。

斜飞式（分一动）

（一）由前式，左足前踏一步。同时，左手移于胸前，手心向上；同时，右手向左走一环形于左手上，手心向下；左手向左前上方伸直，同时右手向右后下方伸直，置于右胯旁。左腿在前为弓，右腿在后蹬直，两眼注视左手。如图。（此势须灵活，臂手腿一致动作为要）

第二十八图　斜飞式（一）

提手上式同前八、九图。

白鹤晾翅同前十、十一图。

左转身搂膝拗步同前十五图。

海底针（分一动）

（一）由前式，左足收回在右足左侧，足尖着地。同时，右手撤回，手指向下，手心向左；左手扶于右手脉门处，右臂向下伸直。两膝前曲，身体向下蹲。如图。（此势活动腰臂腿）

第二十九图　海底针（一）

第三十图　扇通臂（一）

扇通臂（分一动）

（一）由前式，右臂上提至头部前上方，肘以下成水平，手心向上；左手即沿右臂向左平伸，手心向左，手指向上。同时，以右足跟为轴身体向右转九十度，左足向左横踏一步，身体下蹲，成骑马式。如图。（此势练腿及肩背力）

第三十一图　右转撇身捶（一）

右转撇身捶（分一动）

（一）由前式，右手向右下方落变拳，手背向下，左手附于右脉门处。同时，提起右足，以左足跟为轴身体向右转九十度，右足即向右前方踏出一步。同时，右拳由左向上再向右前方画一弧形，手臂向下向右后方打。如图。（此势于转身时，臂腿动作以腰脊为枢纽，庶能灵活）

第三十二图　卸步搬拦捶（一）

卸步搬拦捶（分二动）

（一）由前式，两手变掌，手心斜对，两手合掌向左下方，由右向左掳一大环形。同时，右足向后撤一步，上体向后坐，左足尖翘起。两手掳至胸前，左手手指向上；手心向右，右手为拳，拳眼向上，轻贴于左手心。

（二）向前弓身打出右拳，左腿在前为弓，右腿在后蹬直。如图。（此势臂腿之动作须一致）

第三十三图　卸步搬拦捶（二）

上步揽雀尾（分四动）

（一）由前式，右足前踏一步，右腿在前为弓，左腿在后蹬直。右手变掌，手心向下，左手附于右脉门，均同前二、三、四、五图。

单鞭同前六、七图。

左云手（分一动）

（一）由前式，上体随右臂向右斜伸，右膝曲，左腿横蹬直。左手下落至左膝，再向右上方走一环形，右手落下，左手手心向内，与眼同高。两眼注视手心，由面前向左横移至头之左侧。臂伸直，手心翻转向外，上体随左手之动作重力移于左腿上，左膝曲。同时，右手向左上方走一环形。如图。（此势运动腰脊腿臂，灵活一致为要）

第三十四图　左云手（一）

第三十五图　右云手（一）

右云手（分一动）

（一）由前式，左手落下，右手手心向内，由面前向右横移至头之右侧，臂伸直，手心翻转向外。同时，左手向右上方走一环形。右足于右手横移时，向左移动，与左足并拢。如图。

左云手（分一动）同前三十四图

（一）右手落下，左手手心向内，由面前向左横移至头之左侧，臂伸直，手心翻转向外；同时，右手向左上方走一环形。左足于左手横移时，向左横踏一步，左膝前曲，身体重力移于左腿上。

右云手同前三十五图。

左云手同前三十四图。

单鞭同前六、七图。

第三十六图　左高探马（一）

左高探马（分一动）

（一）由前式，身体向左旋转约九十度，左足收回于右足左侧，足尖着地。同时，左手落下于左胁处，手心向上，手指向前；右手在左手上，手心向前方，手指向左。如图。（此势手脚之动作务须一致）

右分脚（分一动）

（一）由前式，左足向左前方踏出一步，左腿前弓，右腿在后蹬直。两手就前式之姿势向右掳一环形至胸前，两手心向下，两手手指相对微接，两手同时向上抬至头之前上方，分向左右劈成水平，上体半面向右。同时，右足向右前斜方踢起。如图。（此势劈手时与踢脚须一致，左腿并宜稍曲）

第三十七图　右分脚（一）

右高探马（分一动）

（一）由前式，右足向右前方落出一步，足尖着地。同时，右手落至右胁处，手心向上，手指向前；左手在右手之上，手心向前下方，手指向右。如图。

第三十八图　右高探马（一）

左分脚（分一动）

（一）由前式，右足全部着地，右腿前弓，左腿在后蹬直。两手就前式之姿势向左掳一环形，至胸前，两手心向下，两手指相对微接，两手同时向上抬至头之前上方，分向左右劈成水平，上体半面向右。同时，左足向左前方踢起。如图。

第三十九图　左分脚（一）

转身蹬脚（分一动）

第四十图　转身蹬脚（一）

（一）由前式，以右足跟为轴身体向左后方旋转九十度，左足落至右足左侧，足尖着地。两手收回于胸前，两手向下，两手指相对微接，两手分向左右劈成水平。同时，左足向左踢起。如图。（此势转身时须直立，不可前俯后仰）

左搂膝拗步同前十三图。

右搂膝拗步同前十五图。

进步栽捶（分一动）

第四十一图　进步栽捶（一）

（一）由前式，左足前进半步，右手提至右耳边为拳，右足移于左足右后方约距二十生的，两膝前曲，身体下蹲。同时，右拳向下捶打，左手附于右脉门，两目注视右拳。如图。（此势宜用腰脊力，头部两眼视于足尖之垂直线）

翻身撇身捶（分一动）

第四十二图　翻身撇身捶（一）

（一）由前式，拳及右腿同时提起，以左足跟为轴向右后旋转一百八十度，右足向右前方踏出一步。右拳

手背向下为拳，与右足同一方向向下打，左手附于右脉门，两眼注视右拳。如图。（此势臂腿须一致，转身时身体不可后仰）

左高探马同前三十六图。

右分脚同前三十七图。

右打虎式（分一动）

（一）由前式，右足向右后方撤一大步，同时，左足收回于右足左侧，足尖着地。同时，右手落下变拳，向上伸直，拳眼向后；左手变拳，在右腋下拳眼紧附右胁。身体微向下蹲，半面向右，两眼前视。如图。（此势宜用腰脊力）

第四十三图　右打虎式（一）

左打虎式（分一动）

（一）由前式，左足向左后方撤一大步。同时两拳落下，提起右腿，右足护裆。左拳向左上方伸直，拳眼向后；右拳横于面前，肘与右膝相接，身体半面向左。两眼前视。如图。

第四十四图　左打虎式（一）

第四十五图　披身踢脚（一）

披身踢脚（分一动）（又名二起脚）

（一）由前式，两手变掌分向前后劈成水平。同时右脚踢平。如图。（此势腰脊用力，左足支撑全身，不可移动摇摆为要）

第四十六图　双风贯耳（一）

双风贯耳（分一动）

（一）由前式，上体半面向右转，两手收回于胸前，手背向下，拍击右膝上部。右足前踏一步为弓，左腿在后蹬直。两手变拳，两拳眼向内，由左右分向前合击，如击敌之两耳。两眼前视。如图。（此势两臂动作须与腰腿一致轻捷灵活）

第四十七图　披身蹬脚（一）

披身蹬脚（分二动）

（一）由前式，两手位置不动。以两足掌为轴上体向右转九十度，两膝弯曲，将身蹲下。

（二）两手分向左右，臂成水平。同时，左足向左腿处移动，身体以右足掌为轴向右后旋转约一百八十度，左足落于右足左侧。同时，两手仍回至胸前，两手心向下，手指相对微接。

第四十八图　披身蹬脚（二）

转身蹬脚（分一动）

（一）两手分向左右劈成水平。同时，右足向右踢起，与右分脚同。如图。（此势蹬脚时须足踵用力）

第四十九图　转身蹬脚（一）

右搂膝拗步同前十五图。

左搂膝拗步同前十三图。

手挥琵琶式同前十六图。

上步搬拦捶同前十八图。

如封似闭同前十九图。

十字手同前式二十图、二十一图。

左搂膝拗步同前十三图。

右转身抱虎归山同前十五图。

揽雀尾同前二、三、四、五图。

斜单鞭同单鞭式六、七图，与正单鞭同。

第五十图　看式（一）

看式（分一动）

（一）由前式，右足撤回，足尖在前翘起，身体后坐，重力移于左腿上。右手为掌，竖于面前，拇指对准鼻端；左手在右肘下，拇指与右肘接触。两眼前视。如图。（此势用腰脊力，臂腿一致）

第五十一图　右野马分鬃（一）

右野马分鬃（分一动）

（一）由前式，右足向右前方上一大步。同时，两手交叉于胸前，左手在上，手心向下，右手在下，手心向上，右臂即向右前上方斜伸微直，上体随之斜伸，与右臂成一致。右腿前弓，左手向左下方伸直，左腿在后蹬直，两眼注视左手。如图。（此势须腰腿臂一致，全身舒展）

第五十二图　左野马分鬃（一）

左野马分鬃（分一动）

（一）由前式，左足向左前方上一大步，两手交叉于胸前，右手在上，手心向下，左手在下，手心向上，左臂即向左前上方斜伸微直，上体随之斜伸，与左臂成一致。左腿前弓，右手向右下方伸直，右腿在后蹬直，两眼注视右手。如图。

右野马分鬃同前五十一图。

左野马分鬃同前五十二图。

右野马分鬃同前五十一图。

看式同前五十图。

右野马分鬃同前五十一图。

上步左玉女穿梭（分二动）

（一）由前式，左足向左前方上一大步。左手横于胸前，约距十生的，手心向上，右手附于左手脉门处，左手向前左方平走一环形，右手不离左手脉门，左手横于头顶上，手心向上。同时，上体后坐，重力移于右腿上。右掌即竖于胸前，手心向左。

（二）右掌向前推出，上体随之推进。左腿前弓，右腿在后蹬直。如图。（此势方向半面向左，但身体仍须中正）

第五十三图　左玉女穿梭（一）

第五十四图　左玉女穿梭（二）

转身右玉女穿梭（分二动）

第五十五图　右玉女穿梭（一）

（一）由前式，提起右足，以左足跟为轴由右向后转一百八十度，右足落于右前方。同时，右手横于胸前，约距十生的，手心向上，左手附于右手脉门处，右手向右前方平走一环形，左手不离右手脉门处，右手横于头顶上，手心向上。同时，上体后坐，重力移于左腿上。左掌即竖于胸前，手心向右。

第五十六图　右玉女穿梭（二）

（二）左掌向前推出，上体随之推进。右腿前弓，左腿在后蹬直。如图。

看式同前五十图。

右野马分鬃同前五十一图。

上步左玉女穿梭同前五十三、四图。

转身右玉女穿梭同前五十五、五十六图。

上步按手（分一动）

（一）由前式，左足前上一步。同时，两手心向下，向前下方按，两臂肘以下约成水平。右足再前上一步。如图。（此势臂腿宜灵活）

揽雀尾同前二、三、四、五图。

单鞭同前六、七图。

右云手同前三十五图。

左云手同前三十四图。

右云手同前三十五图。

左云手同前三十四图。

右云手同前三十五图。

单鞭同前六、七图。

第五十七图　上步推按（一）

下式（分二动）

（一）由前式，以两足掌为轴，身体半面向左转，重力移于左腿上，左腿在前为弓，右腿在后蹬直。同时，左手位置不动，右手横移，微接于左手脉门，两手手指向左。

第五十八图　下式（一）

第五十九图　下式（二）

（二）两手向后向下走一弧形至裆前。同时，身体重力移于右腿上，右腿极力下蹲，左腿伸直，两足尖不可翘起。如图一、二。（此势蹲身时，腰脊须直立，不可前倾）

第六十图　右金鸡独立（一）

右金鸡独立（分一动）

（一）由前式，两手向前上方挑起，身体随之，重力移于左腿上；同时，右腿曲膝提起，膝盖以下垂直。右臂肘以下垂直于胸前，肘与右膝接触，左手落下于前下方。如图。（此势枢纽在腰脊，不可摇动）

第六十一图　左金鸡独立（一）

左金鸡独立（分一动）

（一）由前式，右臂与右腿同时落于右方，同时左臂曲肘与左膝相接，挂起左腿，左臂肘以下垂直于胸前，左腿膝以下垂直。如图。

左倒撵猴同前二十六图。

右倒撵猴同前二十七图。

左倒撵猴同前二十六图。

斜飞式同前二十八图。

提手上式同前八、九图。

白鹤晾翅同前十、十一图。

左转身搂膝拗步同前十三图。

海底针同前二十九图。

扇通臂同前三十图。

右转身撇身捶同前三十一图。

上步搬拦捶同前十八图。

上步揽雀尾同前二、三、四、五图。

单鞭同前六、七图。

左云手同前三十四图。

右云手同前三十五图。

左云手同前三十四图。

单鞭同前六、七图。

左高探马同前三十六图。

扑面掌（分一动）

（一）由前式，右手手心向下，由左手外侧翻转落于左胁；同时，左手上抬，俟右手落下，左手手心即翻转向外，手指向右，用掌向前推出。同时，左足前踏一步为弓，右腿在后蹬直。如图。（此势足之起落须与手一致，左掌推出时，身体须随之推进）

第六十二图　扑面掌（一）

第六十三图　十字摆莲（一）

第六十四图　十字摆莲（二）

第六十五图　搂膝指裆捶（一）

转身十字摆莲（分二动）

（一）由前式，以左足掌为轴，身体由右向后转一百八十度；同时，身体重力移于左腿上，左膝前曲，右足在左足前约一足之地，足尖着地。左臂在右臂上交叉于胸前。

（二）右足向左前方踢起，脚面崩直，向右成一环形落下。右足踢起时，左手以手背拍击脚面，同时右手搂膝，两手向左右分开。如图一、二。（此势灵活为要）

右搂膝拗步同前十五图。

上步搂膝指裆捶（分一动）

（一）由前式，左足前踏一步，在前为弓，右腿在后蹬直。左手手心向下搂左膝，同时右手为拳，向敌之裆间打出，左手扶于右手脉门。两眼注视右拳。如图。（此势以腰脊力助右拳打出，但不可滞板）

上步揽雀尾同前二、三、四、五图。

单鞭同前六、七图。

下式同前五十八、五十九图。

上步骑鲸（分一动）

（一）由前式，身体重力移于左腿上，稍向下蹲，右足前上一步，在左足前一足之地，足尖着地。两手在头之前上方交叉，左手手心向内，右手手心向外，两手背相接。如图。（此势腰脊宜直，不可前倾）

第六十六图　上步骑鲸（一）

退步跨虎（分一动）

（一）由前式，右足向后撤一步，同时，身体微向前倾，以足掌为轴向右转，左足收回在右足左侧，足尖着地，两腿稍向下蹲。同时，两手至左膝下前后分开，右手在前为掌，手指向上，手心向左，手与眉齐，臂微直；左手在后下方，五指并拢为勾。两眼向左平视。如图。（此势全身重力在右足上）

第六十七图　退步跨虎（一）

转身扑面掌（分一动）

（一）由前式，以右足为轴，身体向右转，左足前踏一步在前为弓，右腿在后蹬直。同时，右手手心向下，由左手外侧翻转落于左肋；同时，左手上抬，俟右手落下，手心即翻转向

第六十八图　转身双摆莲（一）

外，手指向右，用掌向前推出。两眼向前平视。同前六十二图。

第六十九图　转身双摆莲（二）

转身双摆莲（分二动）

（一）由前式，以左足跟为轴，由右向后转一百八十度，重力移在左腿上。同时，两手横移至体之右侧。

（二）右足由左前方踢起，向右成一环形落下。同时，两手向左勾挂右脚面。如图一、二。（此势宜灵活，不可滞板）

第七十图　右弯弓射虎（一）

右弯弓射虎（分一动）

（一）由前式，两手向右向上走一环形至右上方，两手为拳，拳眼相对，手心向外，两拳向左前下方打出。同时，右腿前弓，左腿在后蹬直，上体微向左弯。两眼注视两拳。如图。（此势右胁宜伸展）

第七十一图　左弯弓射虎（一）

左弯弓射虎（分一动）

（一）由前式，两拳向右落下为掌，向左上方走一半环形至左上方为拳。同时，左足向左前方上一大步。

拳眼相对手心向外，两拳向右前下方打出。左腿前弓，右腿在后蹬直，上体微向右弯。两眼注视两拳。如图。

上步揽雀尾同前二、三、四、五图。

单鞭同前六、七图。

上步错捶（分一动）

（一）由前式，以两足掌为轴，身体向左转，左手不动，右手为拳，拳眼向上，落下贴于右肋，肘以下成水平。

（二）右拳向前平打，右足同时上一大步，右腿前弓，左腿在后蹬直。两眼注视右拳。如图。（此势右拳打出时宜用腰脊力）

第七十二图　上步错捶（一）

揽雀尾同前二、三、四、五图。

单鞭同前六、七图。

合太极（分一动）

（一）由前式，两手合于胸前，相离与肩宽相等。左足与右足靠拢，两膝微曲。两手下按，手心向下，手指向前。同时，两腿渐次伸直，与原预备式姿势相同。如图。

第七十三图　合太极（一）

第八章

第一节　虚实开合论

实非全然站煞，实中有虚。虚非全不着力，虚中有实。后二图举一身而言，虽是虚实之大概，究之周身无一寸无虚，又离不得此虚实，总要连络不断，以意使气，以气运劲，非身子乱挪，手足乱换也。虚实即是开合，走架打手，着着留心，愈练愈精，工弥久技弥尚矣。参考附图。

第二节　太极懂劲先后论

夫未懂劲之先，常出顶匾丢抗之病。既懂劲之后，恐出间断接撞俯仰之病。然未懂劲，故然亦出劲，既懂劲何以出病乎？缘劲似懂未懂之际，正在两可断接无准矣，故出病。神明及犹不及，俯仰无着矣，亦出病。若不出断接俯仰之病，非真懂劲弗能出也。胡为真懂劲？因视听无由，未得其确也。知瞻眇顾盼之视，觉起落缓急之听，知闪还撩之运，转换进退之动，则为真懂劲，则为接及神明，自攸往有由矣。有由者，于懂劲自能屈伸，动静之妙。有屈伸动静之妙，开合升降，又有由矣。由屈伸动静，见入则开，遇出则合，看来则详，就去则升，夫而后才为真接及神明也。神明岂可日后不慎，行坐卧走，饮食溺溷之功？是所为及中成、大成也哉！

第九章

第一节　推手歌

掤捋挤按须认真，上下相随人难进。任他巨力来打我，牵动四两拨千斤。引进落空合即出，粘连黏随不丢顶。试观耄耋能御众，俱系先天自然能。

又曰：彼不动，己不动；彼微动，己先动。似松非松，将展未展，劲断意不断。

又曰：行则动，动则变，变则化，化化无穷。

第二节　粘黏连随说

粘者，提高拔上之谓也；黏者，留恋缱绻之谓也；连者，舍己无离之谓也；随者，彼走此应之谓也。要知人之知觉运动，非明粘黏连随不可。斯粘黏连随之功夫，亦甚细矣。

第三节　太极轻重浮沉解

双重为病，乖于填实，与沉不同也。双重不为病，自尔腾虚，与重不易也。双浮为病，只如漂渺，与轻不例也。双轻不为病，天然轻灵，与浮不等也。半轻半重不为病，偏轻偏重为病。半者，半有着落也，所以不为病。偏者，无著落也，所以为病。偏无着落，心失方圆。半有着落，岂出方圆？半浮半沉，为失于不及也。偏浮偏沉，失于太过也。半重偏重，滞而不正也。半轻偏轻，灵而不圆。半沉偏沉，虚而不正也。半浮偏浮，茫而不圆。夫双轻不进于浮，则为轻灵；双沉不进于重，则为离虚。故曰上手轻重，半有着落，则为平手。除此三者之外皆为病，盖内之虚灵不昧，能致于外气之清明，流行乎肢体也。若不穷研轻重浮沉之手，徒劳掘井不及泉之叹耳。然有方圆四正之手，表里精粗无不到己，太极大成，又何云四隅出方圆矣，所谓“方而圆，圆而方”“超其象外，得其寰中”之上手也。

第十章

第一节 太极四隅解

四正即四方也，所谓掤捋挤按也。初不知方能使圆，方圆复始之理无已，焉能出隅之手矣？缘人外之肢体，内之神气，弗缉轻灵，方圆四正之功，始出轻重浮沉之病，则有隅矣。譬如半重偏重，滞而不正，自然为採挒肘靠之隅手，或双填实亦出隅手也。病多之手不得已，以隅手扶而归圆中方正之手，虽然至底者肘靠亦及此，以补其所以云尔。春后功夫能致上乘者，亦须获採挒而仍归大中至正矣。是四隅之所用者，因失体而缺云尔。

掤捋挤按推手图说

掤

甲乙二人面对立，均左足前出约半步，右手伸出，手腕互相抵触，再将左手互扶右肘。甲将右臂向起扬，谓之掤。（如物之掤起然也）如图。

捋

甲将右臂向起掤。

乙称甲之掤时用右手掠住甲之右手，左手扶住甲之右肘后方；同时，向右后方捋甲之右臂。谓之捋。（如物之伸长也）如图。

第七十四图　掤（一）

第七十五图　捋（二）

挤

乙捋甲之右臂时。

甲称乙之捋即将右臂弯曲，将左手为掌抵于右肘之内方；同时，用力以肘抵触乙之胸部，上体随之前倾。谓之挤。如图。

按

甲，用肘抵触乙之胸部。乙，同时将体稍向后撤，用两手按住甲之右臂，左手扶于肘上，右手扶于腕部；同时向下接住向前弓身推出。谓之按。如图。

第七十六图　挤（三）　　第七十七图　按（四）

此推手法互相循还不已，周而复始，即为掤捋挤按四方正也。

第二节　顶匾丢抗论

顶者，出头之谓也；匾者，不及之谓也；丢者，离开之谓也；抗者，太过之谓也。此四字之病，要不明粘、黏、连、随，断不明知觉运动也。初学推手不可不知也，更不可不去此病。所难者，粘黏连随，而不许顶匾丢抗，是所不易矣。

第三节　对待无病论

顶匾丢抗，失于对待也。所以为之病者，既失粘黏连随，何以获知觉运动？既不知己，焉能知人？所谓对待者，不以顶匾丢抗相对于人也，要以粘黏连随等待于人也。能如是，不但无对待之病，知觉运动自然得矣，可以进于懂劲之功夫耳。

第四节　观经悟会法

太极者，非纯功于《易经》不能得也。以《易经》一书，必须朝夕悟在心内，会在心中，超以象外，得其寰中。人所不知而己独知之妙，若非得师一点心法之传，如何能致使我手之舞之，乐在其中矣。

兹将太极拳学理及功用与练习之身法，业已编成就序。惟太极剑、太极刀、太极枪等项，因时间迫促，惜未能编辑，诚为憾事。俟得相当机会之时，再将剑、刀、枪之练习方法，全部续出，方为完璧，以享同志。

四隅推手法

此推手法者，採挒肘靠四斜方，大捋之谓也。

惟练习时，甲乙二人对立，均以右足前出半步，二人左右足尖对准，上体微向前倾，二人均以左手伸出，两手腕互相抵触，再以右手前出，各互相扶左肘，二人对视。其动作互相进退，循环不已，以求身体灵活，姿势开展便利为宜。

（动作）由前搭手，甲向右后方（即西北方）退一大步，两手挒住乙之右臂。乙乘甲之后退挒臂时，急跟进左步，用左肩靠甲之胸前。甲乘乙之靠，急将左腿向左后方（即东北方）退一大步，同时换挒乙之左臂，用力向左下方切之。乙跟进，左足插入甲之裆内，用左肘撞甲之腹部。甲乘乙之肘时，急将左足提起，插入乙之左腿根内侧，两手用力按住乙之左肘，用定採劲。乙乘甲之採劲，急将左足向左后方（即西南）退一大步，两手挒定甲之左臂。甲乘乙后退挒左臂时，急跟进右足，用左肩靠住乙之胸部。乙乘甲之靠，急右腿向右后方（即东南方）退一大步，两手挒住甲之右臂，向右下方切之。甲乘乙之挒劲，急右腿插入乙之裆内，用右肘撞乙之腹部。乙急将左足提起，插入甲右腿根内侧，同时两手按住甲之右肘，用之採劲。此谓之採挒肘靠也。

欲换式，甲乘乙之採劲，急用右掌击乙之左耳。乙乘甲之击打时，左足急向左后方退一大步（即西南方），两手同时挒住甲之左臂。甲乘乙后退时，跟进左腿插入裆内，用左肘撞乙之腹部。乙急右足提起，插入甲之左腿根内侧，两手按定甲之左肘，用之採劲。甲再向后退时，均同以上动作，谓之四斜方大捋推手法也。其动作腰腿须要用力，进退变换须要迅速。甲乙动作循还不已，周而复始，已补四正方之所不及也。

採挒肘靠推手法终。

跋

天地之高厚，人物之繁杂。有天地，然后有人民。有人民，然后有国家。有国家，然后有庶事。庶事兴，而万民乐业，国因富强。且国家之富强，在乎黎庶之振作。振作主要精神，富强关系职业。若无有精神，则弱矣。人民弱，国何强？欲图国家富强。须使人民各界加之运动，如此精神有矣，国何不强？且文武分歧久远，渐渐尤重。文人不识武业，武夫不通文理，文武两学，似略有畛域之分。今国家振兴庶务，百度维新，立学校，造就人才。然各学校加之运动，使文武并进，精神自然加增矣。人有言曰：武学与文学一理。理既同，何重文而轻武？然文人多有谓武术而粗猛，故不接近武学者误矣。且武术门派甚多，各有不同。有纯主刚者，有主柔者。则太极一门，曰武当派，动作以柔软为主。练习时，毫无着力之处，系顺天地自然之理，运用一派纯正之气。勿论男女妇儒，及年近半百之人皆可练习。一无折腰曲腿之苦，二无跃高纵险之劳。且不必短服扼腕，随便常服均可从事，故成武业中之文雅也。今有彭老先生仁轩研究太极拳功十余年矣，颇得其中之奥妙，今愿将平生所学太极拳功著书传流于世，一培我国强盛之基，二为我同胞体育之进步也。余奉命为跋，不敢贡誉，请阅者诸君指教是幸。

民国二十二年三月廿八日　痴民王国梁谨跋

跋

中国国术，名称甚夥，可分为内外两大宗派。其外家派虽繁，兹特从略，不加详焉。惟就内家派而言，太极经云：动转须要灵活，纯用自然之力，怀抱八卦，足踏五行，周身屈伸开合皆依阴阳为基础。静如山岳，动似江河，依式练习，滔滔不断，犹如翻江捣海。动作务令沉着，以意为君，骨肉为臣，始能谓之懂劲。懂劲之后，而愈练愈精，从心所欲，致于接及神明，返于先天之理。如前代李道子、殷利亨、莫谷声、程灵洗、许宣平、俞莲舟诸先贤，已练为上乘，竟得全体大用。其后以武事成名者，颇不乏人。由是观之，太极系一种延年益寿之术，健全身体之功夫。今值书成，谨书数语，敬告有志于斯道之同志：深研其功，定登寿域无穷耳。

古瀛郡寿延彭顺义谨跋

武学名家典籍丛书

杨澄甫武学辑注 《太极拳使用法》《太极拳体用全书》	杨澄甫 著 邵奇青 校注
孙禄堂武学集注 《形意拳学》《八卦拳学》《太极拳学》 《八卦剑学》《拳意述真》	孙禄堂 著 孙婉容 校注
陈微明武学辑注 《太极拳术》《太极剑》《太极答问》	陈微明 著 二水居士 校注
薛颠武学辑注 《形意拳术讲义上编》《形意拳术讲义下编》 《象形拳法真诠》《灵空禅师点穴秘诀》	薛颠 著 王银辉 校注
陈鑫陈氏太极拳图说（配光盘）	陈鑫 著 陈东山 陈晓龙 陈向武 校注
李存义武学辑注 《岳氏意拳五行精义》 《岳氏意拳十二形精义》《三十六剑谱》	李存义 著 阎伯群 李洪钟 校注
董英杰太极拳释义	董英杰 著 杨志英 校注
刘殿琛形意拳术抉微	刘殿琛 著 王银辉 校注
李剑秋形意拳术	李剑秋 著 王银辉 校注
许禹生武学辑注 《太极拳势图解》 《陈氏太极拳第五路·少林十二式》	许禹生 著 唐才良 校注
张占魁形意武术教科书	张占魁 著 王银辉 吴占良 校注

武学古籍新注丛书

王宗岳太极拳论	李亦畬 著 二水居士 校注
太极功源流支派论	宋书铭 著 二水居士 校注
太极法说	二水居士 校注
手战之道	赵晔 沈一贯 唐顺之 何良臣 戚继光 黄百家 黄宗羲 著 王小兵 校注

百家功夫丛书

张策传杨班侯太极拳108式（配光盘）	张喆 著　韩宝顺 整理
河南心意六合拳（配光盘）	李迦波 李建鹏 著
形意八卦拳	贾保寿 著　武大伟 整理
王映海传戴氏心意拳精要（配光盘）	王映海 口述　王喜成 主编
张鸿庆传形意拳练用法释秘	邵义会 著
华岳心意六合八法拳	张长信 著
戴氏心意拳功理秘技	王毅 编著
传统吴氏太极拳入门诀要（配光盘）	张全亮 著
吴式太极拳八法（配光盘）	张全亮 马永兰 著
拳疗百病——39式杨氏养生太极拳（配光盘）	戈金刚 戈美葳 著
尚济形意拳练法打法实践	马保国 马晓阳 著
非视觉太极——太极拳劲意图解	万周迎 著
轻敲太极门——太极拳理法与势法	万周迎 著
冯志强混元太极拳48式	冯志强 编著 冯秀芳 冯秀茜 助编
刘晚苍传内家功夫与手抄老谱	刘晚苍 刘光鼎 刘培俊 著
赵堡太极拳拳理拳法秘笈	王海洲 著
京东程式八卦掌	奎恩凤 著
功夫架——太极拳实用训练	朱利尧 著
道宗九宫八卦拳	杨树藩 著
三十七式太极拳劲意直指	张耀忠 张林 厉勇 著

民间武学藏本丛书

守洞尘技	崔虎刚 校注
通背拳	崔虎刚 校注
心一拳术	李泰慧 著　崔虎刚 校注
少林论郭氏八翻拳	崔虎刚 校注
拳谱志三	崔虎刚 点校
少林秘诀	崔虎刚 校注
拳法总论	崔虎刚 点校
少林拳法总论	崔虎刚 点校
母子拳	崔虎刚 点校
绘像罗汉短打	升霄道人 编著　崔虎刚 点校
六合拳谱	崔虎刚 点校